ÉMILE ZOLA

LE VOEU

D'UNE MORTE

DEUXIÈME ÉDITION

PARIS
ACHILLE FAURE, LIBRAIRE-ÉDITEUR
18, RUE DAUPHINE, 18

1867

Tous droits réservés

LE VŒU
D'UNE MORTE

OUVRAGES DU MÊME AUTEUR

Contes à Ninon............................... 1 vol.
La Confession de Claude..................... 1 vol.
Mes Haines................................... 1 vol.
Mon Salon.................................... 1 vol.

POUR PARAITRE PROCHAINEMENT

L'Œuvre d'art devant la critique............ 1 vol.
La Madeleine................................. 1 vol.

Imp. L. Poupart-Davyl, rue du Bac, 50.

ÉMILE ZOLA

LE VŒU
D'UNE MORTE

PARIS
ACHILLE FAURE, LIBRAIRE-ÉDITEUR
18, RUE DAUPHINE, 18
—
1866
Tous droits réservés

LE
VŒU D'UNE MORTE

Vers la fin de 1831, on lisait le fait-divers suivant dans *le Sémaphore*, de Marseille :

Un incendie a dévoré hier soir plusieurs maisons du petit village de Saint-Henri. La lueur des flammes, qui se reflétaient toutes rouges dans la mer, a été vue de notre ville, et les personnes qui se trouvaient sur les rochers d'Endoume ont pu assister à un spectacle effrayant et grandiose.

Les détails précis nous manquent encore. On signale plusieurs traits de courage

Nous nous contenterons, pour aujourd'hui, de raconter un des épisodes poignants de ce sinistre.

Une maison s'est enflammée si subitement par les parties basses, qu'il a été impossible de porter le moindre secours aux habitants. On a entendu ces malheureux hurler d'épouvante et de douleur; on les a vus, au milieu des flammes, bondir comme des bêtes fauves.

A un moment, une femme s'est montrée à une des fenêtres, serrant un jeune enfant contre sa poitrine. D'en bas, on apercevait sa robe qui commençait à brûler. Le visage terrible, les cheveux dénoués, elle regardait autour d'elle, comme frappée de folie. Puis les flammes ont monté rapidement le long de ses jupes, et alors fermant les yeux, serrant étroitement l'enfant entre ses bras, elle s'est précipitée d'un bond par la fenêtre.

Quand on est venu pour les relever, la mère avait le crâne brisé, mais l'enfant vi-

vait encore, et tendait ses petites mains en pleurant, essayant d'échapper à l'étreinte terrible de la morte.

On nous assure que cet enfant, qui n'a plus un seul parent au monde, vient d'être adopté par une toute jeune fille dont nous ignorons le nom, et qui appartient à la noblesse du pays. Un tel acte n'a pas besoin d'être loué.

I

La chambre se trouvait à peine éclairée par les clartés douces du crépuscule. Les rideaux des fenêtres, à demi écartés, laissaient voir les branches hautes des arbres que rougissaient les derniers rayons du soleil. En bas, sur le boulevard des Invalides, des enfants jouaient, et leurs rires aigus montaient adoucis et caressants.

Le printemps qui suivit les terribles journées de l'insurrection de février eut des fraîcheurs pénétrantes. Les tièdes soirées de mai gardent ainsi parfois les frissons de l'hiver. Des souffles frais et rapides agitaient les rideaux et apportaient les roulements lointains des voitures et les cris de la rue.

Ici tout était calme et mélancolique. Les meubles, vagues dans l'ombre, tachaient de noir les tentures claires; le tapis, à rosaces bleues, pâlissait peu à peu. La nuit avait déjà envahi le plafond et les coins de la pièce. Il n'y avait plus qu'une longue traînée blanche qui partait d'une des fenêtres, traversait la chambre et venait éclairer d'une lueur blafarde le lit sur lequel madame de Rionne râlait lentement dans les angoisses de la mort.

A cette heure dernière, dans cette douceur naissante du printemps, cette chambre, où se mourait une jeune femme, avait comme une pitié navrée et recueillie. L'ombre s'y faisait plus transparente; le silence y prenait une triftesse indicible; les bruits du dehors s'y changeaient en murmures de regret, et il semblait qu'on entendait des voix lointaines qui se lamentaient et qui priaient.

Le souffle haletant de la mourante avait des éclats déchirants. Il se traînait dans le crépuscule, et la chambre entière paraissait souffrir et se plaindre. La mort était déjà là, amère et poignante, couvrant tout de sa désolation et de son espérance inquiète.

Blanche de Rionne, la tête appuyée sur des oreillers, se tenait assise, les yeux grands ouverts, regardant l'ombre. La clarté pâle éclairait sa face maigrie ; ses bras nus s'allongeaient sur le drap, le long de son corps ; ses mains s'agitaient et tordaient la toile, sans qu'elle en eût conscience. Et, muette, les lèvres ouvertes, la chair secouée par de longs et rapides frissons, elle songeait en attendant la mort, roulant la tête avec lenteur comme font les mourants.

Elle avait trente ans à peine. C'était une frêle créature, que la maladie rendait plus blanche et plus délicate encore. On devinait, dans son attitude grave, dans ses yeux profonds, je ne sais quelle noblesse de cœur et quelle hauteur de pensée. Cette femme devait être une nature d'élite, une intelligence rare, une bonté et une tendresse suprêmes. La mort eft la grande épreuve, et ce n'eft que dans l'agonie qu'il faut juger les courages.

Et cependant on sentait des révoltes en elle. Par moments, ses lèvres tremblaient, ses mains tordaient le drap avec plus de violence. Une angoisse terrible contraêtait sa face, et de ses yeux coulaient de grosses larmes que la fièvre séchait sur ses joues. Elle adressait à Dieu de muettes et ardentes prières. Elle frissonnait d'épouvante et de désespoir, elle semblait vouloir écarter la mort dans un élan soudain de volonté.

Alors elle se penchait, et elle regardait longuement une petite fille de six ans assise sur le tapis et qui jouait avec les glands de la couverture. Parfois l'enfant levait la tête, prise d'une peur subite, prête à pleurer sans savoir pourquoi ; puis, comme elle allait crier, elle se mettait à rire, en voyant sa mère rire doucement, et elle reprenait ses jeux, parlant tout bas à un des coins du drap dont elle avait fait une poupée.

Rien n'était plus triste et plus douloureux que ce sourire de la mourante. Elle voulait garder Jeanne auprès d'elle jusqu'à la dernière heure, et elle mentait à la douleur et à l'angoisse pour ne pas l'effrayer. Elle la regardait jouer, elle écoutait son babil, elle se perdait dans la contemplation de cette tête blonde et rieuse ; elle finissait par oublier qu'elle allait mourir et qu'il lui fallait quitter cette chère tendresse. Puis elle se souvenait, elle se sentait froide déjà, et l'épouvante la reprenait à la gorge, car son seul désespoir était l'abandon de ce pauvre être.

La maladie avait été cruelle et implacable envers elle. Un soir, comme elle se couchait, la souffrance l'avait prise, et n'avait pas mis quinze jours pour la conduire à l'agonie. Elle ne s'était plus relevée ; elle mourait sans avoir pu travailler à l'avenir de Jeanne. Elle se disait qu'elle la laissait sans soutien, n'ayant pour guide que son père, et, à cette pensée, elle tremblait, sachant quel trifte guide son mari serait pour sa fille.

Blanche, soudain, se sentit défaillir. Elle crut que la mort venait. Éperdue, elle reposa la tête sur les oreillers, et, d'une voix éteinte :

— Jeanne, dit-elle, va dire à ton père que je désire lui parler.

Puis, lorsque l'enfant fut sortie, elle se remit à rouler doucement la tête. Les yeux grands ouverts, les lèvres serrées, elle avait l'énergique volonté de vivre, de ne point partir avant d'avoir rassuré son cœur.

On n'entendait plus les rires des enfants

sur le boulevard, et les arbres se détachaient par masses sombres sur le gris pâle du ciel. Les bruits de la ville montaient plus vagues. Le silence grandissait, interrompu seulement par la respiration brusque de la moribonde et par des sanglots étouffés qui sortaient de l'embrasure d'une des fenêtres.

Là, à demi caché derrière un rideau, pleurait à chaudes larmes un garçon de dix-huit ans, Daniel Raimbault, qui venait d'entrer dans la chambre et qui n'avait pas osé s'avancer jusqu'au lit. Les gardiennes étant absentes, il s'oubliait à sangloter dans un coin.

Daniel était un pauvre être chétif, à qui l'on aurait donné au plus une douzaine d'années. Il n'était pas contrefait, mais ses membres maigres et courts s'emmanchaient d'une façon bizarre. Ses cheveux blonds, presque jaunes, tombaient par mèches raides, et encadraient un visage long et pâle, à la bouche grande, aux pommettes saillantes. Mais, à le regarder, on se sentait de la sympathie pour son front large et haut, pour ses yeux pleins d'une douceur extrême. Les jeunes filles riaient lorsqu'il passait. Il avait l'allure gauche, et tout son pauvre être vacillait de honte.

Madame de Rionne avait été la bonne fée de sa vie, et il la considérait comme une seconde mère. Elle s'était cachée de lui pour le combler de ses bienfaits; le jour où il la voyait enfin, où il lui était permis de la remercier, il la trouvait mourante.

Il se tenait là, derrière le rideau, et ses sanglots, qu'il ne pouvait réprimer, devenaient de plus en plus pénibles et éclatants. Blanche, dans le silence, entendit ces cris étouffés. Elle se leva à demi, et, cherchant à voir :

— Qui eſt là ? demanda-t-elle, qui pleure près de moi?

Alors Daniel vint en sanglotant s'agenouiller devant le lit.

Blanche le reconnut.

— C'eſt vous, Daniel, dit-elle. Relevez-vous, mon ami, ne pleurez pas.

Daniel oublia sa timidité et sa gaucherie. Son cœur était sur ses lèvres. Il tendit ses mains suppliantes.

— Oh! madame, s'écria-t-il d'une voix déchirée, laissez-moi m'agenouiller, laissez-moi pleurer. J'étais descendu pour vous voir; le désespoir m'a pris, et je n'ai pu retenir mes sanglots. Je suis bien là, il n'y a personne, et j'ai besoin de vous dire combien vous êtes bonne et combien je vous aime. Voici plus de dix ans que j'ai tout compris, plus de dix ans que je me tais, que j'étouffe de reconnaissance et de tendresse. Il faut me permettre de pleurer. Vous comprenez, n'eſt-ce pas? Souvent j'avais songé à l'heure bien heureuse où je pourrais m'agenouiller ainsi devant vous; c'était là mon rêve consolateur qui me reposait dans mes amertumes d'enfant. Je me plaisais à imaginer les plus petites circonſtances de notre rencontre; je me disais que je vous verrais belle et souriante, que vous auriez tel regard, que vous feriez tel geſte. Et voilà que vous êtes là... J'ignorais qu'on pût devenir orphelin deux fois.

Sa voix se brisait dans sa gorge. Blanche, aux dernières lueurs, le regardait, et elle reprenait un peu de vie en face de cette adoration et de ce désespoir. A l'heure suprême, elle était récompensée de sa bonne œuvre;

elle sentait son agonie adoucie par cette affection qu'elle allait laisser derrière elle.

Daniel reprit :

— Je vous dois tout, et je n'ai que mes larmes aujourd'hui pour vous prouver mon dévouement. Je me considérais comme votre œuvre, et je voulais que votre œuvre fût bonne et belle. Ma vie entière devait vous montrer ma reconnaissance; j'avais rêvé d'être ambitieux, je désirais vous rendre fière de moi. Et maintenant je n'ai que quelques minutes pour vous remercier. Vous allez croire que je suis ingrat, car je sens que mes lèvres sont inhabiles et qu'elles disent mal ce que j'ai dans le cœur. J'ai vécu seul, je ne sais point parler... Que vais-je devenir, si Dieu n'a pas pitié de vous et de moi ?

Madame de Rionne écoutait ces paroles entrecoupées, et une grande douceur descendait en elle. Elle prit la main de Daniel :

— Mon ami, lui dit-elle, je sais que vous n'êtes pas un ingrat. Je veillais sur vous, et on m'a dit quelle est votre reconnaissance. Vous n'avez que faire de chercher des mots pour me remercier; vos larmes viennent du cœur, elles apaisent mes souffrances.

Daniel retenait ses sanglots. La voix hésitante de la moribonde lui semblait une musique célefte.

— Écoutez, reprit Blanche, lorsque je vous ai appelé à Paris, j'étais encore debout, j'avais la pensée de vous faire continuer vos études, et de vous ouvrir une carrière large et belle. Puis la maladie m'a prise, vous êtes venu trop tard, avant que j'aie pu assurer votre avenir. En m'en allant, j'emporte le regret de n'avoir pas achevé ma tâche.

— Vous avez fait une œuvre de sainte, interrompit Daniel; vous ne me devez rien, et je vous dois ma vie entière. Le bienfait eft déjà trop grand. Regardez-moi, voyez le pauvre être que vous avez adopté et protégé. Lorsque je me trouvais si chétif et si gauche, lorsqu'on riait de moi, je pleurais de honte pour vous. Pardonnez-moi une pensée mauvaise : j'ai eu peur, souvent, que mon visage ne vous déplût; je tremblais de vous rencontrer, je craignais que ma laideur ne m'ôtât un peu de votre bonté. Et dire que vous m'accueillez comme votre fils ! Vous, si belle et si bonne, vous avez tendu la main à un misérable enfant que personne n'a encore voulu aimer. Plus je me voyais raillé et repoussé, plus je me sentais laid et faible, et plus je vous adorais, car je comprenais quelle tendresse vous deviez avoir pour descendre jusqu'à moi. En venant ici, je souhaitais ardemment d'être beau ; j'étais bien humble et bien trifte en songeant combien vous alliez me trouver indigne de votre protection.

Blanche souriait. Tant d'adoration jeune et naïve, tant d'humilité caressante lui faisait oublier la mort.

— Vous êtes un enfant, dit-elle.

Puis elle se tut, comme songeuse. Elle tâchait de voir dans l'ombre le visage de Daniel. Un sang plus chaud courait dans ses veines, et elle pensait vaguement à sa jeunesse.

Elle reprit :

— Vous êtes bien jeune, vous vous laissez emporter par vos affections : la vie sera rude pour vous. Je ne puis, à cette heure dernière, que vous dire de garder mon souvenir comme encouragement et comme sauvegarde. Il ne m'a pas été permis d'assurer votre exiſtence; vous allez vous trouver seul, livré à vous-même. J'ai pu heureusement vous mettre en état de gagner votre vie, de marcher droit et ferme, et cette pensée me console un peu de l'abandon forcé dans lequel je vous laisse. Songez à moi parfois, aimez-moi, contentez-moi dans la mort, comme vous m'avez aimée et contentée dans la vie.

Elle disait cela d'une voix si douce et si profonde, que Daniel se remit à sangloter.

— Non, s'écria-t-il, ne me quittez pas ainsi; donnez-moi une tâche à accomplir. Ma vie va être vide demain, si vous en disparaissez brusquement. Pendant plus de dix ans, je n'ai eu d'autre pensée que celle de vous plaire et d'obéir à vos moindres vœux; ce que je suis, c'eſt pour vous seule que j'ai voulu le devenir; vous avez été mon but, ma pensée en toutes choses. Si vous vous en allez, si ce n'eſt plus pour vous que je travaille, je sens que je vais être lâche. A quoi bon vivre, et pourquoi lutterais-je! Faites que je me dévoue, faites que je puisse encore vous témoigner ma gratitude.

Tandis que Daniel parlait, une pensée soudaine avait comme éclairé le visage pâle de madame de Rionne. Elle s'assit sur son séant, forte encore, luttant contre la douleur.

— Vous avez raison, dit-elle d'une voix rapide, j'ai une mission à vous confier. Je ne songeais pas à cela, et c'eſt Dieu qui vous a mis là, à genoux, devant mon lit de mort. Si j'ai été bonne envers vous, je reçois à cette heure une suprême récompense de ma bonté. Le ciel n'oublie pas ; il m'a fait vous tendre la main pour que vous puissiez un jour me tendre la vôtre. Relevez-vous, mon ami ; c'eſt moi qui vous supplie maintenant, c'eſt moi qui vous demande de me consoler et de me protéger.

Et quand Daniel se fut assis :

— Écoutez, reprit-elle, j'ai peu de temps. Il me faut vous tout dire. J'implorais la venue d'un bon ange gardien, je veux croire que vous êtes ce bon ange que Dieu m'envoie. J'ai foi en vous : je vous ai vu pleurer.

Et, brusquement, elle vida son cœur. Elle

oublia qu'elle parlait à un enfant, ne voyant plus dans Daniel qu'un envoyé du ciel. Cette pauvre âme, pleine d'anxiété, s'épanchait et se soulageait, prenant une sorte de volupté à dire dans la mort ce qu'elle avait caché toute la vie.

Les adorations ardentes et humbles du jeune homme avaient amolli son ftoïque courage d'épouse. Elle était heureuse de pouvoir se confesser enfin, de pouvoir, avant de quitter la terre, confier à quelqu'un toutes les amertumes amassées. Elle ne se plaignait pas, elle ne pleurait pas; elle allégeait simplement son cœur des souffrances de ce monde.

— J'ai eu une vie de solitude et de larmes, disait-elle. Il faut que je vous avoue ces choses, mon ami, pour que vous compreniez mes angoisses. Vous ne connaissez de moi que la créature heureuse que vous nommez la bonne sainte; vous m'avez mise en plein ciel, en pleine félicité. Hélas! je ne suis qu'une pauvre femme qui s'eft raidie contre la douleur pendant de longues années. Je me souviens, en pleurant, des joies de ma jeunesse. Que l'enfance était bonne, là-bas, en

Provence! Puis j'ai été fière, j'ai voulu lutter contre la vie, et je ne suis sortie de la lutte que le cœur en sang.

Daniel écoutait, comprenant à peine, croyant que le délire de l'agonie s'emparait de la mourante.

— J'avais épousé, continua Blanche, un homme que je ne pus aimer longtemps et qui me rendit bientôt à ma solitude de jeune fille. Dès lors, je dus étouffer mon cœur. M. de Rionne reprit ses habitudes de garçon. Je le voyais parfois aux repas; je savais qu'il m'insultait dans sa vie de chaque jour. Moi, je m'enfermai avec ma fille dans ce coin de l'hôtel; je me dis que c'était là mon couvent, et je fis vœu d'y vivre en épouse du ciel. Parfois mon cœur s'eſt révolté, et ce n'eſt qu'au prix de bien des souffrances cachées, que j'ai pu paraître sereine et victorieuse.

— Eh quoi! pensait Daniel, telle eſt la vie. Ma bonne sainte a souffert; celle que je me plaisais à regarder comme une puissance supérieure, toute bienheureuse et toute divine, pleurait de misère, tandis que je l'adorais à deux genoux. Il n'y a donc que douleur? Le ciel n'épargne pas même les âmes dignes de lui. Quel monde effrayant eſt-ce donc que le nôtre? Lorsque je songeais à elle, je me l'imaginais dans la joie et dans la paix; je la voyais digne et souriante, mise à l'abri du mal par sa bonté; elle m'apparaissait lumineuse et sereine, plus haute que nous, comme une de ces saintes femmes qui ont des auréoles autour de la tête et des rires paisibles sur les lèvres. Et voilà qu'elle pleure, voilà que son cœur a saigné comme le mien, voilà qu'elle eſt ma sœur en souffrance et en abandon !

Son âme était navrée. Il se taisait, épouvanté des triſteſſes qu'il entrevoyait. C'était le premier pas qu'il faisait dans la science de la vie, et tout son être naïf et ignorant se révoltait en face des injuſtices du malheur. Il n'eût pas autant frémi, s'il se fût agi d'une tête moins chère; mais la vérité se faisait amère pour lui : elle se révélait en le frappant dans ses uniques affeƈtions. Il avait comme des frissons de peur, car il sentait bien que, dès ce moment, il allait lui falloir vivre et lutter. Il aurait voulu ne pas entendre les paroles de la mourante, et son jeune courage, son besoin de se dévouer le poussaient en même temps à écouter ardemment cette confession dernière. C'étaient des ordres suprêmes qu'il recevait ; il attendait que son devoir lui fût dicté.

Madame de Rionne, à son silence, comprit ce qui se passait en lui. Elle le sentit trembler auprès d'elle en enfant peureux, et elle eut comme un regret de troubler ce cœur tranquille. Par une sorte de coquetterie célefte, elle aurait préféré sans doute que son image reftât en lui grande et droite, plus qu'humaine.

— Je vous dis là des choses triftes, reprit-elle doucement après un silence, et je ne sais même si vous me comprenez bien. Mes lèvres s'ouvrent malgré moi ; il faut me pardonner. Je me confesse à vous comme à un prêtre ; un prêtre n'a pas d'âge, il n'eft qu'une âme consolatrice. Vous êtes un enfant aujourd'hui, et mes paroles vous effrayent. Quand vous serez homme, vous vous les rappellerez ; elles vous répéteront ce qu'une femme peut souffrir, elles vous diront ce que j'attends de votre dévouement.

Daniel l'interrompit.

— Me croiriez-vous lâche? dit-il. Je ne suis qu'ignorant. La vie me fait peur, parce que je ne la connais pas et qu'elle me paraît toute noire. Mais j'y entrerai résolûment, lorsqu'il s'agira de vous. Parlez, quelle doit être ma mission?

Blanche s'approcha, et, à voix plus basse, comme si elle eût craint d'être entendue :

— Vous avez vu ma petite fille, ma pauvre Jeanne, qui jouait à mes pieds tout à l'heure. Elle vient d'avoir six ans, et j'ignore encore quel sera son cœur; je m'en vais sans la connaître, sans savoir si elle porte en elle le bonheur ou le malheur. Cette incertitude est terrible; elle double mes souffrances et me donne une mort affreuse. Et je me dis que je laisse seule cette enfant. Je songe qu'elle sera peut-être comme moi, blessée par la vie, et qu'elle pourra ne pas avoir le courage que j'ai eu.

La moribonde sanglota et mit les mains

devant ses yeux comme pour échapper à d'effrayantes visions.

— Je me disais, continua-t-elle, que je serais là, toujours près d'elle, lui préparant une exiſtence heureuse, inſtruisant son cœur et son esprit. Lorsque j'ai senti que je mourais et que je l'abandonnais, j'ai cherché quelqu'un qui remplisse à ma place ce rôle de mère dévouée, et je n'ai trouvé personne. Mes parents sont morts; j'ai vécu cloîtrée, et je ne me suis fait aucune amie. M. de Rionne n'a plus qu'une sœur, lancée dans le luxe et la légèreté contemporaine; Jeanne ne trouvera chez elle que des leçons mauvaises. Quant à mon mari lui-même, il m'effraye; je vous en ai dit assez pour que vous compreniez l'épouvante qui me prend, lorsque je songe que ma fille va retomber entre ses mains. C'eſt contre lui que je veux défendre cette enfant.

Elle eut un nouveau silence, puis elle reprit :

— Vous comprenez maintenant, mon ami, quelle sera votre mission. Je vous donne pour tâche de veiller sur ma fille. Je désire que vous soyez auprès d'elle un bon ange gardien..

Daniel s'agenouilla. L'émotion le faisait trembler. Il ne put parler, et pour toute réponse, pour tout remerciement, il baisa la main de madame de Rionne.

— C'eſt une tâche difficile que je vous impose là, dit-elle avec un pâle sourire. La mort me presse, et je me hâte, ne sachant comment vous pourrez l'accomplir. Je ne veux pas songer à la difficulté, à l'étrangeté de votre rôle. Je me dis que le ciel a été bon de vous amener ici et de permettre que je puisse soulager mon cœur; il continuera d'être bon, il vous dira ce qu'il faut faire, il vous donnera les moyens de me tenir parole. Rappelez-vous seulement mes derniers vœux, et marchez droit à votre but. J'ai foi dans votre dévouement.

Daniel put enfin parler.

— Oh! merci, merci, dit-il. Je vais vivre maintenant. Que vous êtes bonne d'avoir songé à moi, d'avoir eu confiance en moi! Jusqu'à la dernière heure, vous m'aurez comblé de vos bienfaits.

Blanche l'interrompit du geſte.

— Laissez-moi achever. J'ai un dernier

aveu à vous faire. Ma fierté m'a empêchée de disputer ma fortune aux caprices de mon mari; je lui ai, avec dédain, abandonné ce qu'il m'a demandé. Aujourd'hui, j'ignore où nous en sommes. Ma fille sera pauvre sans doute, et cette pensée eſt presque douce pour moi. Je regrette seulement de ne pouvoir vous laisser quelque argent.

— Ne regrettez rien, s'écria Daniel; je travaillerai. Le ciel pourvoira à tout.

La mourante s'affaiblissait peu à peu. Sa tête glissa sur l'oreiller, et d'une voix plus étouffée :

— Ainsi, dit-elle, tout va bien. J'ai vidé mon cœur. Je me sens calme, et l'angoisse ne me serre plus à la gorge. Je puis mourir maintenant. Vous veillerez sur Jeanne, vous serez un ami pour elle. Il vous faudra la protéger contre le monde; le monde eſt terrible pour les jeunes filles, il les pousse à la sécheresse de cœur et à l'indifférence morale. Suivez-la pas à pas, le plus près possible; écartez d'elle les dangers, éveillez toutes les vertus de son âme. Mais surtout mariez-la à un homme digne d'elle, et alors votre tâche sera accomplie. Si elle épousait une mauvaise nature, vous auriez trop à lutter et à la défendre contre elle-même : je sais combien la solitude eſt lourde et combien il faut d'énergie pour ne pas tomber. Quoi qu'il arrive, ne l'abandonnez pas. Dites-vous sans cesse que votre bonne sainte, à son lit de mort, vous a supplié d'être fidèle à votre mission. Vous me le jurez?

— Je vous le jure, balbutia Daniel, que les larmes étouffaient.

Blanche ferma les yeux comme un enfant las qui s'endort. Puis elle les rouvrit lentement.

— Tout cela eſt bien triſte, mon ami, murmura-t-elle. Je ne sais ce que les événements vous gardent, et je prévois de grands obſtacles. Enfin, le ciel pourvoira à tout, comme vous l'avez dit... Embrassez-moi.

Daniel, éperdu, se pencha et posa ses lèvres frémissantes sur le front pâle de madame de Rionne. La pauvre femme, les yeux fermés, souriait vaguement sous ce baiser suprême de dévouement et d'amour.

La nuit était complétement venue. Une veilleuse commençait à éclairer la chambre d'une lueur blonde. Au dehors, les vents du soir avaient cessé ; on apercevait les étoiles dans le ciel clair.

Un bruit de pas se fit entendre, et une gardienne entra, portant une lampe. Elle s'approcha de la mourante.

— Voici votre mari, madame, lui dit-elle.

Et comme Daniel se reculait et reprenait sa place dans l'embrasure de la fenêtre, M. de Rionne entra, effrayé.

II

Blanche était née dans le Midi, près de Marseille. A vingt-trois ans, elle avait épousé M. de Rionne : son mariage n'avait été ni un mariage d'amour ni un mariage d'indifférence. C'était une âme noble, ayant conscience des misères de son temps et s'étant fait une règle de conduite droite et fière. Elle mettait sa force dans sa dignité et dans sa volonté. Elle se maria pour complaire au désir de son père, sans chercher à connaître le cœur de M. de Rionne, se disant, avec une sorte d'orgueil naïf, qu'elle saurait souffrir, s'il le fallait, et refter digne.

Elle souffrit et elle refta digne. Son mari était un homme parfait, d'une politesse et d'une élégance exquises, une misérable créature qui aurait pu être bonne et qui préférait rester mauvaise. Il y avait en lui une déplorable faiblesse, une lâcheté profonde devant le vice. Avec cela, les plus beaux sentiments du monde, le cœur ouvert à toutes les pitiés. Il faisait le mal sciemment, sans honte aucune, et il savait également faire le bien quand il voulait. Mais cela ne l'amusait pas.

Il joua d'abord avec sa femme comme il aurait joué avec une maîtresse. Elle était charmante et avait un parfum de grâce et d'honnêteté qu'il respirait pour la première fois. Puis sa femme l'ennuya. Il trouva dans cette frêle créature une volonté si forte, une noblesse si sereine, qu'il finit par en avoir presque peur. Tout au fond de lui, sa lâcheté se mit à haïr ce jeune courage invincible. Pour éviter de se trouver faible devant Blanche, il s'éloigna d'elle peu à peu ; il s'établissait dans sa conscience de fâcheuses comparaisons, lorsqu'il était en présence de cette belle et bonne nature, et il ne redoutait rien tant, pour sa gaieté, que la voix désagréable des remords. Il reprit ses habitudes, joua, courut les amours faciles, oubliant le plus possible qu'il avait une famille, et ne rentrant chez lui que pour éviter un scandale public.

Blanche avait certainement aimé cet homme, ne fût-ce que pendant quelques jours; mais elle l'avait méprisé ensuite, et la plaie s'était trouvée comme cautérisée par un fer rouge. Il lui reftait seulement un immense regret; elle avait compté sur son courage, et son courage ne lui donnait qu'une exiftence vide. Elle était demeurée haute et ferme, digne toujours, au-dessus des hontes qui l'entouraient; mais son cœur saignait dans cette solitude sereine. Si elle avait pu recommencer sa vie, elle n'aurait plus mis le bonheur dans la dignité seule, elle aurait tenté de le mettre aussi dans l'amour.

Trois ans après son mariage, son père et sa mère moururent; elle refta comme orpheline. Sa famille était éteinte; elle n'avait plus aucun parent qui pût lui prêter secours. Elle jouit amèrement de sa solitude; elle prit une sorte de plaisir à s'enfermer avec sa fille, âgée alors d'environ un an. Cette enfant fut sa suprême consolation; elle lui donna, sous une autre forme, toutes les voluptés tendres de l'amour. Elle comprit qu'il suffisait d'une affection pour emplir une exiſtence, et Jeanne fut pour elle cette affection nécessaire et consolante.

Pendant cinq ans, elle vécut ainsi en tête-à-tête avec sa fille. Elle ne souffrit personne auprès d'elle, elle voulut être sa servante et son amie, son guide en toutes choses. Elle la promenait, elle jouait avec elle, elle lui donnait les premières leçons du cœur et de l'intelligence. Sa vie n'eut plus d'autre but que ce petit être rose ; elle n'exiſta plus que pour et que par son enfant.

Que de rêves elle avait fait pendant les longues heures de cette solitude volontaire ! Tandis que Jeanne jouait à ses pieds, elle étudiait déjà son cœur dans les premiers bégaiements de ses jeux. Elle voulait qu'elle eût l'âme noble et droite ; elle s'apprêtait à lui donner toute son expérience de la vie, à la mettre en garde contre les misères de ce monde. Elle s'était promis de lui faciliter le bonheur, d'être sans cesse à son côté, comme un bon ange gardien.

Puis, son imagination aidant, elle la voyait mariée et heureuse; le songe d'amour qu'elle ne faisait plus pour elle, elle le faisait pour Jeanne. Jamais elle n'avait pensé que la mort pouvait venir et la séparer de sa chère tendresse.

Et la mort allait la prendre, et Jeanne allait rester seule. Ses rêves en avaient menti : elle ne serait pas le bon ange de l'enfant, elle ne pourrait lui donner son expérience, elle ne guiderait ni ne développerait les qualités de son cœur. Demain, Jeanne passerait aux mains de son père, aux mains d'un inconnu insouciant qui s'inquiéterait peu du précieux legs de la pauvre morte.

Ici la pensée de Blanche s'était troublée. Le délire de l'agonie et du désespoir lui avait fait rêver des choses horribles. Elle en était venue à voir sa fille perdue et avilie.

C'est alors qu'elle avait pu soulager son cœur en dictant à Daniel le testament de sa tendresse.

Tandis que sa femme se mourait, M. de Rionne était chez mademoiselle Paillette, une ravissante créature, pas ennuyeuse du tout, mais chère en diable.

Il n'ignorait pas que Blanche fût malade. Pour ne point avoir trop à s'attrister, il traitait de légère indisposition le mal terrible qui devait l'emporter, et il avait réussi à se persuader qu'il pouvait vivre sa vie ordinaire, sans s'inquiéter aucunement.

Tel était cet homme parfait, dont la bourse et le cœur s'ouvraient largement pour chacun. Il eût jeté cent francs à un pauvre, il eût pleuré de pitié devant la moindre infortune ; mais il n'eût pas sacrifié un seul de ses caprices, il tenait avant tout à ses vices et à ses joies. Il fuyait les émotions trop longues et trop fortes, et, pour ne pas blesser cette bonté lâche qu'il y avait en lui, il s'arrangeait de façon à se dire quand même que tout allait bien.

Le matin, il avait vu le médecin, et, au fond de lui, il s'était repenti de l'avoir questionné. Le médecin ne lui avait pas dissimulé que tout était à peu près désespéré et que la mort pouvait venir d'un moment à l'autre. M. de Rionne, à cette déclaration brutale, avait senti un grand frisson froid lui glacer le sang. La mort l'épouvantait, il ne pouvait en entendre parler sans éprouver un malaise indéfinissable.

Puis, sans vouloir se l'avouer, cette pensée que sa femme allait mourir lui avait brusquement montré tous les ennuis qui résulteraient pour lui de ce deuil. Il eſt vrai qu'il recouvrerait sa liberté; mais comme il lui faudrait pleurer, que de tracas : l'enterrement, le jeûne de tout plaisir, et le reſte! Son cœur redoutait la pitié, sa chair tremblait devant la privation.. S'il avait été de bonne foi, il se serait écrié : « Ma femme meurt par méchanceté, pour m'empêcher d'aller chez Paillette. »

Ces pensées étaient vagues et comme inconscientes en lui. Il avait, tout haut, plaisanté le médecin; il s'était refusé à l'évidence. Sa femme ne pouvait mourir comme cela; il n'y avait pas quinze jours qu'elle était encore sur pied. Il disait ces choses d'une voix rapide et saccadée, contrarié, inquiet, cherchant à retrouver l'heureux équilibre qu'on voulait lui faire perdre.

Puis, vers le soir, il courut en toute hâte chez sa maîtresse. Mais il n'était pas complétement rassuré, et, par instants, il tressaillait et se retournait, comme si quelqu'un se trouvait là, derrière lui, pour lui apprendre une mauvaise nouvelle. Il avait peut-être compris vaguement que de plusieurs semaines il ne pourrait voir son cher vice, sa honte bien-aimée, et il s'était dit qu'en se dépêchant il aurait bien encore le temps de l'embrasser une fois.

Au bout d'une demi-heure, il avait retrouvé sa tranquillité égoïste. Le petit salon bleu de Paillette était un coin perdu et parfumé où il vivait à l'aise, dans les senteurs aimées, en plein dans la volupté facile et légère. Il venait là comme un chien va à sa niche, parce qu'il y avait chaud et qu'il pouvait y vivre dans l'oubli du bien et du courage.

Paillette, ce jour-là, était nerveuse, d'humeur fantasque. Elle avait fort mal reçu M. de Rionne. Mais cet homme s'inquiétait peu de cette femme ; ce qu'il aimait en elle, c'étaient les parfums légers de son corps, ses vêtements à peine attachés, sa liberté de paroles et d'allures, son logis en désordre, discret comme une alcôve. Il adorait le vice; quant à Paillette, il s'en souciait médiocrement.

Il plaisanta la jeune femme, se mit à l'aise, oublia tout. Comme Paillette continuait à faire la moue, il parla même de la mener, en loge fermée, à une première représentation qu'on devait donner le soir. Il allait avoir raison de son ennui, lorsqu'une femme de chambre entra et lui dit qu'on le demandait en toute hâte chez lui.

M. de Rionne eut un gefte d'épouvante. Une sorte de remords poignant et rapide le prit au cœur. Il s'approcha de Paillette, n'osa pas l'embrasser, et se sauva après lui avoir serré la main. Dans l'escalier, il regretta cette brusque sortie et se dit qu'après tout il aurait bien pu embrasser la jeune femme. La vérité était qu'il craignait de l'avoir blessée et de ne pouvoir revenir plus tard, lorsqu'il en aurait fini avec ces déplorables hiftoires.

En bas, il trouva Louis, son valet de chambre, un grand garçon blanc et froid dont il avait fait sa créature. Louis avait la science de ne jamais s'émouvoir, de ne jamais parler, de ne jamais entendre : c'était une excellente machine que l'on montait et qui fonctionnait à volonté. Mais, il y avait, à bien regarder, une ombre de sourire dans les coins de ses lèvres, qui disait que la machine avait en elle quelque rouage secret marchant pour son propre compte.

Louis dit tranquillement à son maître qu'il avait entendu mademoiselle Jeanne courant dans l'hôtel et appelant son père. Il avait pensé que madame se mourait et il avait cru pouvoir venir le déranger.

M. de Rionne se sentit une grande envie de pleurer. Les larmes montaient à ses yeux malgré lui, de peur et d'angoisse. C'était une sorte de souffrance personnelle, égoïste, qui le torturait. S'il s'était interrogé froidement, il aurait vu que sa femme ne se trouvait pas au fond de son désespoir. Il se mentit de bonne foi à lui-même, et il eut la consolation de croire qu'il pleurait réellement la mort prochaine de Blanche.

Il arriva ainsi à l'hôtel, souffrant et se révoltant. Lorsqu'il entra dans la chambre où agonisait la moribonde, il fut pris d'une véritable épouvante et faillit avoir une crise de nerfs. Sa pensée ne se souvenait plus du petit salon bleu de Paillette, mais sa chair en avait gardé le souvenir, et elle frémissait, elle qui venait de quitter cette sorte d'alcôve parfumée, dans cette grande pièce solennelle où courait le souffle froid de la mort.

Il s'approcha du lit en hésitant, et, lorsqu'il vit le visage pâle de la mourante, il éclata en sanglots nerveux. Paillette, là-bas, dans le large fauteuil, avait une petite mine demi-fâchée, demi-souriante, qui boudait délicieusement au milieu des boucles de ses cheveux blonds cendrés. Ici, Blanche, dans la lueur douce, posait sa tête sur l'oreiller; ses yeux étaient fermés, et ses traits, déjà tirés par le doigt rude de la mort, paraissaient plus allongés et plus sévères; elle semblait une figure de pierre, raide déjà, le front agrandi, les lèvres serrées.

M. de Rionne resta un instant muet devant cette face immobile qui avait une éloquence terrible pour lui.

Puis, comme sa peur redoublait, il voulut voir ces lèvres se desserrer, pensant qu'un signe de vie calmerait son effroi. Il se pencha, et, d'une voix tremblante :

— Blanche, dit-il, m'entendez-vous ? Parlez-moi, je vous en prie.

Une légère convulsion passa sur la face de la mourante, puis elle leva lentement les paupières. Ses yeux apparurent vagues, d'une limpidité profonde. Ils cherchèrent comme éblouis, et se fixèrent enfin sur M. de Rionne, qui ne pouvait plus pleurer, et qui avait des envies de fuir.

Jamais il n'avait vu un mourant. Ce spectacle lui paraissait atroce, et comme il n'éprouvait pas la vraie douleur, celle qui est aveugle et qui vous pousse à embrasser avec emportement le cadavre d'une personne aimée, il voyait et analysait l'effroyable horreur de l'agonie. Il songeait à lui et se disait qu'il mourrait un jour et qu'il serait comme cela.

Blanche le regarda et le reconnut. Elle soupira, essayant de sourire. Une pensée de pardon la prit, à cette heure dernière. Il y eut cependant lutte en elle. L'ange n'était pas encore complétement né dans cette chair mourante. Ses amertumes d'épouse lui revinrent, et il lui fallut, pour être douce, se dire qu'elle était morte déjà et que les misères de la terre ne pesaient plus à ses épaules.

D'ailleurs, elle ne se souvenait pas d'avoir fait appeler son mari. Un inftant, ne trouvant personne, elle avait eu la pensée d'exiger de lui des serments sacrés. Maintenant que son cœur était vide et qu'elle avait pu mettre un bon ange au côté de sa fille, elle ne se sentait plus le besoin d'être consolée et rassurée.

Son mari était là, et elle s'en étonnait presque ; elle le regardait sans anxiété ni rancune, comme une personne que l'on connaît et à qui l'on sourit avant de partir. Puis, à mesure que la vie revenait, elle se rappelait et elle avait presque pitié de ce pauvre homme que sa lâcheté rendait indigne. Elle était pleine de miséricorde.

— Mon ami, dit-elle, — et ses paroles n'étaient qu'un souffle — vous avez bien fait de venir. Je vais mourir plus calme.

M. de Rionne, touché par cette plainte douce, se mit à pleurer de nouveau.

Blanche reprit :

— Ne vous désespérez pas. Je ne souffre plus, je suis paisible, je suis heureuse. Je n'ai plus qu'un désir, c'eſt d'effacer tout le dissentiment qu'il a pu y avoir entre nous. J'ai besoin de ne pas emporter de mauvaises pensées dans la tombe, et je ne voudrais pas que vous viviez avec le moindre remords. Si je vous ai offensé, pardonnez-moi, comme je vous pardonne.

Ces paroles agirent très-vivement sur les nerfs de M. de Rionne, et son cœur se brisa de pitié et de douleur. Il n'avait pas de remords, il ne pouvait en avoir ; il ne pleurait pas de honte et de repentir ; il pleurait parce que ce qu'il voyait était navrant. Il ne se débattait plus contre l'ennui des larmes. Il sanglotait de bonne foi, il était en plein dans le désespoir, et il y trouvait même une sorte de volupté amère.

— Je n'ai rien à vous pardonner, balbutia-t-il. Vous êtes bonne. Je regrette que nos caractères différents nous aient un peu séparés l'un de l'autre. Vous voyez, je pleure, je suis désespéré.

Blanche le regardait parler avec effort. Il lui faisait pitié. Cet homme ne trouvait pas un mot pour s'accuser, il ne se frappait pas la poitrine, il ne joignait pas les mains pour lui demander pardon. Il était simplement ivre d'épouvante.

Elle comprenait que si Dieu l'eût épargnée, par miracle, il aurait le lendemain repris sa vie, l'abandonnant de nouveau. Elle mourait, et ce n'était pas une leçon pour cet homme, ce n'était pas un malheur plein de douloureuses réflexions ; c'était uniquement un accident siniftre auquel il était forcé d'assifter et qui le pénétrait d'effroi.

Elle se mit à sourire d'une façon étrange, le regardant en face, le dominant, plus haute et plus sereine que lui.

— Dites-moi adieu, lui dit-elle. Je ne vous en veux pas, je vous le jure. Plus tard, cette assurance vous consolera peut-être. Je le souhaite.

Et comme elle se taisait :

— Quels sont vos derniers désirs ? demanda M. de Rionne.

— Je n'ai aucun désir, répondit-elle avec

plus de force. Je n'ai rien à vous demander, rien à vous conseiller; agissez selon votre cœur.

Elle dit ces mots avec une sorte de dédain tranquille. Elle ne voulut pas lui parler de sa fille, elle aurait cru faire une œuvre mauvaise en lui arrachant des serments qu'il n'aurait pas tenus.

Puis, d'une voix plus douce :

— Adieu, répéta-t-elle; ne pleurez pas.

Et elle le repoussa lentement du geste, fermant les yeux, ne voulant plus le voir. Il se retira au pied du lit, hébété, ne pouvant détourner les regards et souffrant de ce terrible spectacle. Il s'habituait à la douleur, et il se surprit à étudier le visage de la moribonde en simple curieux.

On était allé chercher le médecin. Il venait d'arriver, tout en sachant que sa présence serait inutile. Assis auprès du lit, il attendait d'un air navré que tout fût fini.

Un vieux prêtre, qui avait administré la mourante le matin, venait également d'entrer. Il s'était agenouillé et récitait à demi-voix les prières des agonisants.

Blanche s'affaiblissait de plus en plus. Elle eut, à un moment, de rapides convulsions qui secouèrent son corps. C'était la fin.

Elle se leva brusquement et demanda sa fille. M. de Rionne ne bougea pas; les convulsions de la mourante l'avaient terrifié, et sa pensée était ailleurs.

Alors, Blanche d'une voix plus rapide, pleine de supplications, répéta sa demande, et Daniel courut chercher Jeanne, qui jouait dans la pièce voisine.

Il était resté là, muet, retenant ses larmes, et, lorsqu'il apporta l'enfant dans ses bras, il se dit qu'il avait sagement agi, puisqu'il pouvait donner une dernière consolation à madame de Rionne.

La pauvre mère, les yeux agrandis, comme folle, contempla sa fille, et voulut tendre les bras. Mais elle ne put les soulever, et Daniel fut obligé de tenir Jeanne toute droite, les pieds appuyés sur le bois du lit.

La petite ne pleura pas. Elle regarda le visage bouleversé de sa mère avec une sorte d'étonnement naïf.

Puis, comme ce visage se calmait, s'emplissait d'une joie célefte, rayonnait peu à peu de douceur, elle reconnut ce bon sourire, et elle se mit à sourire. Elle tendit ses petites mains pour embrasser sa mère.

Et Blanche mourut ainsi, dans son sourire et dans le sourire de son enfant.

Tandis que sa fille se penchait, elle fixa sur Daniel son dernier regard, regard suppliant et impérieux. Le jeune homme soutenait la petite fille, et sa mission commençait à cette heure solennelle.

Devant le cadavre de sa femme, M. de Rionne s'agenouilla, se rappelant qu'on s'agenouille d'habitude dans de pareilles circonstances. Il baissa la tête pour ne plus voir les lèvres pâles de la morte.

Le médecin se retira, et une des gardiennes se hâta d'allumer deux cierges. Le prêtre, qui s'était levé pour offrir un crucifix aux lèvres de Blanche, se remit à genoux et reprit ses prières.

Daniel avait gardé Jeanne dans ses bras, et, comme l'air de la chambre devenait étouffant, il s'était mis à la fenêtre de la pièce voisine. Là, il pleurait en silence, tandis que

3.

l'enfant s'amusait à suivre les lueurs rapides des lanternes des voitures qui passaient sur le boulevard.

L'air était calme. Au loin, on entendait les clairons de l'École militaire qui sonnaient la retraite.

III

Vers le matin, Daniel remonta dans sa chambre.

Ce grand garçon de dix-huit ans avait le cœur d'un enfant nerveux et sensible. Les circonftances particulières dans lesquelles il se trouvait avaient exalté ses facultés aimantes. Il se rendait ridicule de jeunesse et de naïveté, de dévouement et d'affection.

On a deviné qu'il était l'orphelin dont parlait le fait-divers du *Sémaphore*. Blanche de Rionne, la jeune protectrice inconnue, le fit élever et, lorsqu'il eut grandi, le mit au lycée de Marseille. Elle ne se montra d'ailleurs à lui que rarement; elle voulut qu'il la connût à peine, et qu'il n'eût, pour ainsi dire, à remercier que la Providence. Quand elle se maria, elle ne parla même pas à M. de Rionne de son enfant adoptif. C'était là une de ses bonnes œuvres secrètes qu'elle cachait religieusement.

Au lycée, les attitudes gauches de Daniel, sa timidité d'orphelin, lui attirèrent les plaisanteries de ses camarades. Il fut profondément blessé de ce rôle de paria qu'on lui fit jouer. Ses allures en devinrent plus maladroites, plus étranges. Il refta solitaire, vivant en poëte, et son âme garda ainsi ses innocences, ses puérilités d'enfant. Il échappa à ces premières leçons du vice que les petits hommes de quinze ans se donnent entre eux. Il ignorait tout, ne savait pas un mot de la vie, allait où le poussaient ses inftincts.

Dans cette solitude que sa gaucherie bizarre lui créait, il s'était pris d'un amour ardent pour le travail. Son intelligence vive et sensible, qui aurait dû en faire un poëte, le poussa par une apparente contradiction vers l'étude des sciences. C'eft qu'il y avait en lui un désir immense de vérité. Il goûtait des voluptés profondes à vivre dans le monde exact des chiffres, à chercher le vrai pas à pas et sûrement, à se reposer dans une solution définitive et complète. Il faisait ainsi de la poésie à sa façon.

Il se replia sur lui-même. Il voulut ignorer ce qu'on disait, ce qu'on faisait autour de lui. Sa nature et les circonstances le conduisirent à une vie contemplative. Il était bien dans la science, car il n'y trouvait pas les hommes, il n'y trouvait pas ses camarades, qui riaient de ses cheveux jaunes. Toute étude humaine l'effrayait ; il préférait vivre plus haut, dans la spéculation pure, dans la vérité absolue. Là il poétisait à son aise, il n'était plus embarrassé de sa personne gauche et ridicule. Ces savants, ces vieux enfants aux allures timides, que l'on rencontre dans les rues, sont parfois de grands poëtes.

Raillé par ses compagnons, vivant dans une tension d'esprit incessante, Daniel mit ses tendresses au plus profond de son être. Il n'avait à aimer en ce monde que cette mère inconnue qui veillait sur lui, et il l'aimait avec toute la fougue des passions uniques et contenues. A côté du mathématicien poëte, il y avait en lui un amant passionné, un cœur d'autant plus ardent à se donner qu'on refusait ses affections.

Daniel avait grandi dans l'adoration de la bonne fée qui lui faisait une exiſtence si douce. L'ombre dans laquelle elle se tenait la lui rendait encore plus sainte. Il connaissait son visage pour l'avoir entrevu deux ou trois fois, et il en parlait comme d'une chose merveilleuse et sacrée.

Un jour, comme il venait de quitter le lycée, on lui dit que madame de Rionne le mandait à Paris auprès d'elle. Il faillit perdre la tête. Il allait pouvoir la contempler, la remercier, l'aimer à son aise. Le rêve extravagant de sa jeunesse se réalisait : la bonne fée, la sainte, la Providence l'admettait dans le ciel où elle vivait. Il partit en toute hâte.

Il arriva, et il trouva madame de Rionne dans son lit, mourante. Pendant huit jours, chaque soir, il descendit de la chambre qu'il habitait dans l'hôtel, il vint la regarder de loin et il pleura. Il attendit ainsi le terrible dénoûment, ivre de douleur, ne comprenant pas comment il se faisait que les saintes fussent mortelles.

Puis il avait enfin pu s'agenouiller et jurer à la mourante que son dernier vœu serait accompli.

Il passa la nuit près du cadavre, en compagnie du prêtre et d'une gardienne. M. de Rionne était resté agenouillé pendant une heure; puis, dormant à moitié, ne comprenant plus bien ce qu'il faisait là, il s'était discrètement retiré.

Tandis que le prêtre priait et que la gardienne sommeillait dans un fauteuil, Daniel avait songé, les yeux secs, ne pouvant plus pleurer. Il se sentait accablé, et la lassitude du cœur et du corps l'empêchait de penser avec suite. Il avait comme une grande lourdeur dans la tête.

C'était un état doux et sans amertume, comparable à cet assoupissement léger qui précède le sommeil. Il ne voyait pas nettement les objets, et la pensée lui échappait par instants.

Pendant près de dix heures, une seule idée lui emplit le cerveau : il se disait que Blanche était morte, et que désormais la petite Jeanne serait la bonne sainte qu'il aimerait, et pour laquelle il se dévouerait.

Mais, sans qu'il en eût conscience, pendant cette longue nuit funèbre, il grandissait en courage, il devenait homme. La scène terrible à laquelle il venait d'assister, le désespoir qui l'avait profondément secoué, toute cette éducation forte de la souffrance tuait en lui l'enfant peureux, et il allait se réveiller avec une vigueur nouvelle. Dans son accablement, il sentait vaguement le travail que la douleur faisait en lui; il s'abandonnait à cette sorte de force supérieure qui le transformait, mûrissant en quelques heures son cœur et son intelligence.

Le matin, lorsqu'il entra dans sa chambre, il était comme un homme ivre qui ne reconnaît pas son logis.

Cette chambre, étroite et longue, située sous les toits, avait une fenêtre carrée qui s'ouvrait en plein ciel; de là, on apercevait, comme un lac de verdure, les cimes des arbres de l'Esplanade, et, plus loin, à gauche, on voyait les hauteurs de Passy.

La fenêtre était reftée ouverte, et une lumière claire emplissait la chambre. Il faisait presque froid. Daniel s'assit sur le bord de son lit. Il tombait de fatigue, et ne songea même pas à se coucher.

Il refta ainsi longtemps, s'oubliant à regarder les meubles, se demandant parfois ce qu'il faisait là, et, brusquement, se rappelant tout. Parfois, il écoutait et il était étonné de ne pas s'entendre pleurer.

Il se mit à la fenêtre. L'air lui fit du bien. Aucun bruit ne montait de l'hôtel. Il y avait en bas, dans le petit jardin, des gens qui se pressaient silencieusement. Sur le boulevard, les voitures roulaient comme si la nuit n'eût rien amené de douloureux ; Paris s'éveillait lentement, et un soleil pâle blanchissait les feuilles hautes et les toits.

Cette joie du ciel, cette indifférence de la ville attriftèrent profondément Daniel, et il put pleurer encore. Ce fut là une crise salutaire qui allégea sa tête et qui lui permit de penser. Il demeura à la fenêtre, dans l'air frais, se soulageant, cherchant à réfléchir à ce qu'il allait faire.

Puis il comprit qu'il ne trouverait rien de raisonnable, et il voulut s'occuper mécaniquement. Il déplaça différents objets, fouilla dans sa malle, en retira des effets qu'il y remit ensuite. Il chercha à assouplir ses membres, que le désespoir avait presque tordus. Sa tête le fit moins souffrir.

Quand la nuit vint, il fut tout surpris. Il eût juré qu'il venait à peine d'entrer dans sa chambre. Il était resté presque inactif, vivant dans une pensée unique, et cette longue journée de souffrance lui avait paru toute courte.

Il sortit, essaya de manger et voulut voir une fois encore madame de Rionne. Il ne put entrer dans la chambre mortuaire. Alors il remonta chez lui et s'endormit d'un sommeil lourd qui le tint comme écrasé jusqu'au lendemain.

Quand il s'éveilla, il entendit un bruit de pas et de voix. C'était le convoi qui allait partir. Il s'habilla en toute hâte et descendit.

Sur le perron, il rencontra le cercueil, que trois hommes faisaient glisser avec lenteur, et qui se plaignait sourdement à chaque heurt.

A la sortie du convoi, il y eut quelque désordre sur le boulevard. L'assistance était nombreuse, et le cortége ne s'organisa que lentement.

M. de Rionne se plaça en tête, accompagné de son beau-frère. Sa sœur, une jeune femme qui promenait un regard clair sur la foule, monta dans une voiture.

Immédiatement derrière M. de Rionne, venaient les familiers de l'hôtel et les domestiques. Daniel s'était mis au milieu de ces derniers.

Puis le reste des assistants suivait par groupes, en file irrégulière.

On arriva ainsi à Sainte-Clotilde, cette église mondaine entourée de fleurs et de verdure. La nef s'emplit, et les chants lugubres commencèrent.

Daniel s'agenouilla dans un coin, contre un pilier. Il était calme maintenant, et il put prier. Il ne sut pas suivre les lamentations des prêtres; ses lèvres restèrent muettes, sa prière ne fut qu'un élan continu et passionné du cœur.

A un moment, sa tête tourna, et il dut sortir. Ces odeurs de cire, ces longues tentures noires coupées de croix blanches, ces plaintes larges et siniftres des chantres pesaient sur lui et l'étouffaient. Dehors, il se promena lentement dans les allées sablées du petit parterre qui entoure l'églife. Il s'arrêtait, par inftants, et regardait les massifs de verdure. Son cœur continuait son ardente prière.

Lorsque le convoi reprit sa marche, il vint se placer de nouveau parmi les domeftiques. Le cortége funèbre gagna les boulevards et se dirigea avec lenteur vers le cimetière du Montparnasse.

La matinée était douce, le jeune soleil verdissait joyeusement les premières feuilles des grands ormes. L'air limpide et frais donnait une netteté et une vigueur singulières aux horizons; on eût dit que les pluies de l'hiver avaient lavé la terre avec soin, et qu'elle rayonnait maintenant de fraîcheur et de propreté.

Une sorte de bien-être pénétrait les passants. Les premiers souffles du printemps ont des caresses tièdes qui exaltent la chair et qui épanouissent l'âme.

Les gens qui suivaient le corps de madame

de Rionne, dans cette gaie matinée, avaient oublié, pour la plupart, qu'ils assiſtaient à un enterrement. On voyait des sourires égoïſtes sur les visages. On eût dit des promeneurs qui s'attardaient au soleil et qui jouissaient avec volupté des douceurs de la saison.

Le cortége s'avançait tout doucement, par groupes plus irréguliers, et on entendait les bruits sourds et inégaux des pas et le murmure étouffé des conversations. Chacun causait avec son voisin de ses petites affaires, chacun s'animait peu à peu, respirant à l'aise, dans une complète béatitude.

Daniel, les regards à terre, la tête nue, dans une douleur muette, songeait à cette mère qu'il venait de perdre; il se rappelait les rêves de sa jeunesse, il évoquait les plus minces détails de la nuit de mort, et c'était là une rêverie triſte et profonde dans laquelle son cœur se perdait.

Et ses oreilles, malgré lui, entendaient ce que les domeſtiques disaient. Il y avait là un fait purement physique. Les paroles arrivaient jusqu'à son intelligence, brutales et nettes. Il ne voulait point écouter, et pas un mot ne lui échappait. Tandis que son pauvre cœur saignait, tandis qu'il se donnait entier au désespoir de l'adieu suprême, il était, pour ainsi dire, de moitié dans les conversations bêtes et cyniques des valets de chambre et des cochers.

Derrière lui, se trouvaient deux domestiques qui discouraient avec animation. L'un tenait pour monsieur, l'autre pour madame.

— Bah! disait ce dernier, la pauvre femme a bien fait de mourir. Elle doit être heureuse dans sa bière. Monsieur lui rendait la vie dure.

— Qu'en sais-tu? répondait le premier, elle souriait toujours. Son mari ne la battait pas. Elle était fière et se posait en victime pour faire souffrir les autres.

— Je sais ce que je sais. Je l'ai vue pleurer une fois, et cela faisait peine à voir. Son mari ne la battait pas, c'eſt vrai, mais il avait des maîtresses, et, vois-tu, elle eſt sûrement morte parce qu'il ne l'aimait pas.

— S'il s'en allait, c'eſt qu'elle l'ennuyait. Elle n'était pas amusante, madame. Je ne pourrais pas vivre avec une femme comme ça : toute petite, et si grave, qu'elle paraissait très-grande. C'eſt elle, je parie, qui a fait répandre les bruits que monsieur avait des maîtresses... Eſt-ce que tu les as vues, toi, ces maîtresses ?

— J'en ai vu une. Je lui ai remis une lettre. Une chipie blonde toute chiffonnée, dont je n'aurais pas voulu pour deux sous, tant elle était pâle et maigre. Elle m'a ri au nez, elle m'a donné des tapes dans le dos en me tutoyant, et c'eſt ce qui m'a fait comprendre ce qu'elle était. Puis, elle m'a dit pour toute réponse : « N'oublie pas de recommander à ton maître de ne plus m'envoyer ta bête de figure. »

L'autre domeſtique se mit à rire. Il trouvait sans doute la chipie blonde très-amusante.

— Eh bien ! après tout, où eſt le mal ? reprit-il. Tous les gens riches ont des maîtresses. Monsieur faisait bien d'aller rire au dehors, puisqu'il avait épousé une femme qui pleurait toujours. Chez mes derniers maîtres, comme le mari sortait trop souvent, la femme avait pris un amant, et toute la maison vivait dans la joie. Pourquoi madame, au lieu de mourir, n'en a-t-elle pas fait autant?

— Ça ne plaît pas à tout le monde.

— Moi, je n'aurais pas pu aimer madame.

— Moi, je crois que je l'aurais aimée. Elle était très-douce et avait une figure qui me plaisait. En voilà une maîtresse autrement jolie que la blonde de monsieur!

Daniel ne put en entendre davantage. Il se tourna brusquement, et son visage irrité effraya les causeurs, qui parlèrent d'autre chose.

En se tournant, le jeune homme aperçut à son côté la face froide de Louis, le valet de chambre; lui seul ne parlait pas et conservait une attitude décente. Il avait certainement entendu la conversation des deux domeſtiques, mais il était reſté digne, les lèvres plissées légèrement par son rire myſtérieux.

Daniel reprit ses triſtes rêveries. Il pensait maintenant aux souffrances cachées dont madame de Rionne lui avait parlé, et il commençait à comprendre ces souffrances. Les paroles qu'il venait d'entendre lui expliquaient ce que son innocence d'enfant et de paria lui avait rendu obscur. Et il baissait la tête avec honte, il rougissait de ces infamies, comme s'il les eût commises lui-même. Il se disait que la pauvre morte devait s'indigner dans sa bière.

Ce qui le navrait, c'était l'outrageuse liberté de parole de ces hommes. Le corps était à peine froid, on le portait en terre, et il y avait là des gens qui se plaisaient à le salir. Rien ne fut siniftre pour lui comme de recevoir sa première leçon de vice et de honte à l'enterrement de sa bonne sainte. Et il était obligé de s'avouer que ces hommes n'étaient point mauvais peut-être, et qu'ils parlaient de la sorte tout sottement.

Comme il pensait à ces choses, le convoi entra dans le cimetière.

La famille de Rionne avait un tombeau en marbre qui simulait une chapelle gothique. Ce tombeau se trouvait placé dans un endroit où les monuments se touchaient presque, ne laissant entre eux que d'étroits sentiers.

L'assiftance était loin d'être aussi nombreuse qu'à l'église. Ceux qui avaient eu le courage de venir jusque-là firent le cercle, se mettant entre les tombes.

M. de Rionne s'approcha, et les prêtres récitèrent les dernières prières. Puis on descendit le corps dans le caveau. Le pauvre mari avait éclaté en sanglots à la vue de la petite chapelle gothique. C'était la troisième fois qu'il la voyait. Tout enfant, il y avait conduit son père et sa mère, et elle était restée pour lui un objet d'épouvante auquel il songeait dans ses heures noires. Il savait que ce serait là que son corps viendrait pourrir, et cette pensée lui rendait terrible la vue de ce marbre.

Il eut un soupir de soulagement lorsqu'il fut monté en voiture. Cette funèbre cérémonie était donc finie, et il allait enfin pouvoir commencer à oublier. On ne s'avoue pas ces pensées-là brutalement; mais elles sont au fond des cœurs lâches.

Les assistants s'étaient retirés, et Daniel se tenait encore tout droit devant le tombeau. Il voulait rester le dernier, pour être seul à seule avec la pauvre morte et lui faire ses adieux, sans que la foule fût entre elle et lui.

Il demeura là longtemps, debout et muet, causant en lui avec l'âme de l'ange envolé !

Puis il quitta le cimetière et rentra à l'hôtel.

Il crut remarquer que le concierge le regardait d'un air singulier ; on eût dit qu'il hésitait à le laisser entrer, et qu'il était sur le point de lui demander son nom, comme s'il se fût agi d'un inconnu.

Dans le petit jardin situé entre la grille et le corps de logis, les domeftiques, encore en vêtements noirs, causaient entre eux, réunis devant la porte des écuries. Un palefrenier, qui n'avait pas assifté à l'enterrement, lavait une voiture avec une grosse éponge.

Daniel, qui, par timidité, évitait de passer par la grande allée sablée, fit un détour et s'avança vers le groupe que formaient les domeftiques. A sa vue, la conversation s'arrêta brusquement, et il vit tous les regards se tourner vers lui. De méchants sourires s'étalaient sur ces figures épaisses. Ces gens ricanaient et se montraient du doigt le pauvre garçon, qui se prit à rougir et à trembler sans savoir pourquoi.

A mesure qu'il avançait, il devinait dans le groupe une hoſtilité évidente. Les deux hommes auxquels ses regards irrités avaient imposé silence, pendant l'enterrement, étaient là, au milieu de leurs camarades, et parlaient à demi-voix, semblant exciter les autres. Au silence subit qui s'était fait, succédèrent des paroles prononcées à haute voix et sur un ton agressif.

Daniel, rouge de honte, s'arrêta, se demandant s'il ne retournerait pas en arrière. Puis la pensée de madame de Rionne lui vint, il eut peur de commettre une lâcheté, et il alla bravement en avant.

Comme il passait, il entendit des rires ironiques, et des phrases cruelles vinrent le souffleter au visage. Chacun disait son mot.

— Voyez donc le beau page que madame avait là !

— On dirait un paillasse désossé ; quand il marche, on croirait toujours qu'il va faire la culbute.

— Et cela a reçu de l'éducation ! Tandis que nous travaillons comme des nègres, ce va-nu-pieds vit sans rien faire.

— Oui, il nous a fallu servir ce monsieur; mais tout cela va finir.

— A la porte, le mendiant!

Et comme Daniel se trouvait devant l'homme qui lavait la voiture :

— Hé! camarade, cria cet homme, viens donc me donner un coup de main.

Tout le groupe éclata de rire.

Daniel, frémissant, avait passé en baissant la tête. Ces hommes lui rappelaient ses compagnons de collége qui l'insultaient et le raillaient. Il se sentait faible et abandonné comme autrefois, et il avait hâte de se réfugier dans la solitude. Sa sensibilité délicate était brisée par les paroles grossières de ces malheureux qui, comptant sur l'impunité, satisfaisaient leurs misérables rancunes de subalternes.

Puis l'indignation le prit, il releva la tête et regarda les insolents en face. Ceux-ci eurent peur d'être allés trop loin, et ils se turent, un peu embarrassés, prêts à ramper, s'il l'eût fallu.

Le jeune homme les tint ainsi silencieux sous ses regards clairs et droits. Il reprit ensuite sa marche, et, les larmes aux yeux, se sentant presque défaillir, après sa première minute d'énergie, il monta lentement l'escalier.

Au second étage, il rencontra M. de Rionne qui descendait. Il se rangea contre le mur. Le maître de la maison, qui le connaissait à peine, se demandait sans doute ce que venait faire chez lui cet étrange garçon.

Daniel ne se méprit pas sur ce regard. Il en comprit l'interrogation muette, et, s'il ne parla pas, c'eſt que sa langue s'était collée à son palais, et que d'ailleurs il ne trouvait rien à dire.

M. de Rionne, qui paraissait fort troublé lui-même, ne s'arrêta pas, et Daniel se hâta de monter dans sa chambre.

Là, il se dit une vérité désolante, c'eſt qu'il ne pouvait reſter dans l'hôtel.

Il n'avait pas songé à cela, cette pensée de départ lui fut d'autant plus cruelle qu'elle était complétement inattendue. Il eut un rire triſte et pensa que décidément il était encore bien naïf. Sa chère mère n'étant plus là, l'hôtel devenait vide d'affection pour lui; il devait être forcément jeté à la porte, s'il ne consentait à sortir de bonne grâce.

M. de Rionne ne lui avait jamais adressé la parole, et il ignorait sans doute qui il était. Daniel ne quittait pas sa chambre depuis son arrivée; il avait passé inaperçu au milieu des troubles de la maladie et de la mort de Blanche. D'ailleurs, si l'amant de Paillette, dans la fièvre qui le secouait, s'était oublié jusqu'à lui offrir de rester chez lui, il aurait refusé, ne voulant rien devoir à cet homme.

Et là-bas, dans le jardin, il entendait encore les rires des domestiques, et une sueur froide lui montait aux tempes. Il résolut de s'en aller tout de suite.

Il s'assit et se mit à songer. Il ne pensait pas à lui, il ne se demandait pas où il coucherait le soir ni ce qu'il ferait le lendemain. Cela lui importait peu. Il avait toute l'insouciance brave de la jeunesse; ne connaissant pas la vie, il se proposait d'aller en avant, toujours tout droit.

Mais il pensait à Jeanne, et se demandait amèrement de quel secours il lui serait lorsqu'il aurait quitté l'hôtel. La nécessité le poussait dehors et les vœux de la mourante semblaient le retenir là, dans l'injure et dans la bassesse. Il comprit que cela ne pouvait être, il se dit que madame de Rionne lui avait ordonné de marcher ferme et tranquille, digne toujours. C'était elle qui lui recommandait de se retirer et qui répétait que le ciel pourvoirait à tout.

Dès lors, sa résolution fut prise.

Il devait s'en aller avant tout, et il chercherait ensuite les moyens d'accomplir sa tâche.

Il se leva et fit le tour de la chambre. Sa malle était ouverte, laissant voir des effets et du linge qu'il n'avait point encore songé à mettre dans les armoires. La table était chargée de livres et de papiers, et, sur un coin de la cheminée, se trouvait une bourse contenant quelque argent.

Il ne dérangea rien, ne prit rien. Les paroles des domeſtiques emplissaient encore ses oreilles ; tous ces objets lui parurent ne pas lui appartenir. Il aurait cru commettre un vol en emportant la moindre chose.

Il sortit tranquillement, ne gardant que les

vêtements qu'il avait sur lui. Il laissa la clef sur la porte.

Comme il traversait le jardin, il aperçut la petite Jeanne, assise dans un carré de verdure, et il ne put résister au désir de l'embrasser avant de partir.

L'enfant eut peur et recula.

Alors il lui demanda si elle le reconnaissait. Elle ne répondit pas, le regardant avec cet effroi naïf des enfants. Cette figure étrange qui lui souriait l'étonnait profondément, et elle cherchait sans doute à se souvenir. Puis, comme cela l'ennuyait et l'inquiétait, elle fit mine de se lever pour se sauver au plus vite.

Daniel la retint doucement.

— Puisque vous ne me reconnaissez pas, lui dit-il, regardez-moi bien, et sachez que je vous aime beaucoup, et que vous me rendrez heureux en m'aimant un peu. Je veux être votre ami.

Jeanne n'entendait guère ce langage grave, mais la tendresse de la voix l'avait rassurée. Elle se mit à rire.

— Il faudra toujours me reconnaître maintenant, continua Daniel en souriant aussi. Je vais m'en aller, mais je reviendrai, je vous conterai mille belles choses, si vous avez été bien sage... Voulez-vous m'embrasser, comme vous embrassiez votre mère ?

Il se pencha. Mais l'enfant, en entendant parler de sa mère, fut vaguement épouvantée et elle se mit à pleurer. Elle repoussa Daniel avec une sorte de colère enfantine, et appela : « Maman ! maman ! » de toute la force de ses sanglots.

Le pauvre garçon demeura interdit. Comme une servante sortait de la maison, il s'éloigna, navré de quitter ainsi l'enfant au bonheur de laquelle il allait vouer sa vie entière.

Et il se trouva dans la rue, abandonné, dénué de tout, ayant à accomplir une lourde tâche. Sa tendresse et son dévouement seuls le soutenaient.

Il était environ quatre heures du soir.

IV

La grille de l'hôtel, en se refermant derrière Daniel, poussa une sorte de gémissement sourd qui le fit tressaillir. Il regarda autour de lui, sans rien voir, puis se mit à marcher, la tête basse, tout à sa rêverie, ne sachant où le conduisaient ses pieds.

Il avait dans les oreilles les pleurs de Jeanne et le bruit de la grille. Il se disait que l'enfant ne le connaissait pas, ne l'aimait pas, et que cette porte venait de gémir d'une étrange façon.

Jusque-là, la douleur avait empli son être entier, la raison s'en était allée. Elle revenait, elle parlait maintenant, et il jugeait nettement les choses. Sa position lui apparaissait enfin telle qu'elle était.

Un étonnement douloureux le prit devant la réalité. Il n'aurait pas cru être si faible et si abandonné ; il avait pensé que le dévouement lui serait plus facile.

Il se mit franchement face à face avec sa tâche. Il se compara, lui chétif et misérable, à la haute mission qu'il devait accomplir, et il trembla.

Sa mission était celle-ci : il avait charge d'âme ; il devait lutter contre le monde et le vaincre ; il lui fallait veiller sur un cœur de femme, lui faciliter les joies calmes du bien. Pour faire cela, il irait partout où irait sa protégée, il se tiendrait sans cesse à ses côtés, afin de la défendre contre les autres et contre elle-même.

Il lui faudrait donc monter jusqu'à elle et même se mettre au-dessus d'elle ; il vivrait dans sa demeure, ou tout au moins aurait ses entrées libres dans les lieux qu'elle fréquenterait. Il serait un homme du monde, et c'eft ainsi qu'il pourrait lutter avec avantage.

Puis il songeait à lui et se regardait. Il était laid, timide, maladroit, pauvre. Il se trouvait dans la rue, sans parents, sans amis ;

il ne savait même pas où il irait manger et coucher. Les domestiques avaient eu raison de le traiter de mendiant, car lorsque la faim le pousserait, il se déciderait peut-être à tendre la main. Il se regarda marcher, et il eut un rire de pitié, tant il se trouva ridicule.

Et c'était lui, ce va-nu-pieds, ce pantin grotesque, cet enfant de la misère et de la douleur, qui devait être le protecteur de cette petite fille, vêtue de soie, vivant dans la richesse et dans l'élégance! Il se dit qu'il rêvait, qu'il perdait la tête, que madame de Rionne n'avait pu confier son enfant à un misérable comme lui, et qu'en tout cas il ne tenterait même pas cette tâche absurde.

Tout en pensant cela, il cherchait ardemment les moyens de tenir le serment qu'il avait fait à la mourante. Ses idées prenaient une nouvelle direction. Son dévouement et sa tendresse parlaient plus haut que sa raison; et il ne se voyait plus, il recommençait à espérer et à s'exalter.

Il regretta d'avoir quitté l'hôtel et fut tenté de retourner frapper à la porte. Maintenant qu'il en était sorti, il ne savait comment il pourrait y rentrer. Le bruit de cette grille avait retenti jusqu'au fond de son cœur.

Il fit mille projets extravagants, comme en font les enfants et les amoureux. Il inventa des moyens irréalisables, s'attachant à chaque nouvelle idée qui surgissait dans sa tête, rejetant un plan impossible pour en former un plus impossible encore. Il traitait la matière en poëte, et on eût dit qu'il travaillait à un drame noir et compliqué.

Mais ce qui revenait sans cesse à sa pensée c'était le regret amer de ne pas avoir tranquillement emporté Jeanne dans ses bras. Il la revoyait sur l'herbe, et il se persuadait qu'il aurait pu aisément la voler. Et, tout naïvement, il bâtissait le roman de ce rapt, il se voyait fuyant avec l'enfant, la serrant contre sa poitrine, et ne reprenant haleine que loin de la maison maudite dont il l'arrachait.

Son visage rayonnait alors. Combien son dévouement devenait doux et facile! Il logeait avec Jeanne, il travaillait, et elle tenait tout de lui. Il l'appelait sa fille, et elle l'appelait son père. Dans la pauvreté, dans l'obscurité de cette vie laborieuse, il lui donnait toutes les vertus, il en faisait une âme droite et généreuse. Et il croyait entendre les remerciements passionnés de sa bonne sainte.

Brusquement, Daniel s'arrêta. Il essuya de la main son front qui se couvrait d'une sueur froide. Une pensée terrible lui venait : sa mission, après tout, était une mission ridicule.

Et il se disait qu'un garçon de son âge n'était pas fait pour veiller sur une petite fille. Il crut remarquer que les passants voyaient clair en lui, et qu'ils lisaient les idées absurdes qui tournaient dans sa tête.

Le sublime est frère du ridicule. Certes, les passants auraient ri s'ils avaient pénétré dans la naïveté généreuse de Daniel. Les gens affairés qui allaient et venaient se seraient mis à le traiter de fou, et le pauvre garçon devinait cela ; il se sentait perdu dans la foule. Ses épouvantes du collége le reprenaient. Eh quoi ! il devait donc toujours être un paria ? Voilà qu'en entrant dans la vie il se trouvait chargé d'une tâche étrange, qui allait encore augmenter sa gaucherie et sa timidité.

Mais c'était là une pensée mauvaise, une sorte d'intuition rapide de la vie réelle et positive, qui ne pouvait agir longtemps sur son cœur de poëte. Peu à peu son visage s'adoucit, ses idées se calmèrent. Il redevint l'enfant ignorant et sublimement ridicule qu'il était. Il voyait madame de Rionne sourire, il l'entendait parler. Et, oubliant les autres, s'oubliant lui-même, il n'eut plus qu'un ardent besoin d'être bon et d'être croyant.

Ce flot de pensées contraires qui venait d'envahir son cerveau, cette sorte de lutte qui s'était établie en lui avait lassé sa tête, et la vue nette des choses lui échappait. Il se reposa dans le calme qui lui montait de l'âme, dans la ferme certitude qu'il agirait selon son cœur et que son œuvre ne pourrait manquer d'être bonne. Il abandonnait le reste à la volonté du ciel.

Alors il sortit de lui-même, et peu à peu il s'intéressa aux objets extérieurs. Il regarda les passants, il jouit de la fraîcheur douce de la soirée. La vie réelle l'occupa, et il commença à se demander où il allait et ce qu'il devait faire.

Le hasard l'avait amené devant une des portes du Luxembourg, celle qui s'ouvre presque en face de la rue Bonaparte. Il entra dans le jardin et chercha un banc, car il était las et la marche l'empêchait de réfléchir.

Sous les marronniers, des enfants jouaient, courant et poussant des rires aigus. Les bonnes, avec leurs robes claires et leurs coiffes blanches, se tenaient debout, causant entre elles ; quelques-unes étaient assises et écoutaient en souriant des hommes qui leur parlaient à voix basse.

Tout le petit monde des jardins publics allait et venait dans la nuit naissante, avec des bruits pressés de voix et de pas. Il y avait, sous les arbres, une sorte de lueur verte et transparente ; le plafond de feuilles était bas, cachant le ciel, et à l'horizon, par des échappées étroites, on apercevait les blancheurs des ſtatues et des baluſtrades.

Daniel eut de la peine à trouver un banc libre. Il finit par en découvrir un, dans un coin écarté, et il s'assit en poussant un soupir de soulagement. A l'autre extrémité du banc, un jeune homme lisait. Il leva la tête, regarda le nouveau venu, et ils échangèrent un sourire.

Comme l'ombre grandissait, le jeune homme ferma son livre. Puis il promena un regard insouciant sur ce qui l'entourait. Daniel, pris d'une sympathie subite, oublia de songer à ses propres affaires, suivant des yeux chaque mouvement de son voisin.

C'était un grand garçon, à la figure belle et un peu sévère. Ses yeux largement ouverts regardaient en face, ses lèvres fermes et fortes avaient je ne sais quoi de puissant et de loyal, et on devinait, dans la largeur de son front, un grand cœur et un grand courage. Il paraissait avoir environ vingt ans; ses mains blanches, ses vêtements simples, son attitude grave décelaient un étudiant laborieux.

Au bout de quelques minutes, il tourna la tête et fixa sur Daniel ses regards droits et pénétrants. Daniel baissa le front, s'attendant à trouver sur son visage la moquerie avec laquelle chacun l'accueillait. Il sentait la curiosité de ce garçon peser sur lui, et il se figurait voir l'expression méchante et ironique de ses lèvres. Puis il s'enhardit, il redressa la tête, et il ne vit sur la face de son voisin qu'un bon sourire d'amitié et d'encouragement.

Plein de reconnaissance, il osa se rapprocher et dire à cet ami inconnu qu'il faisait beau et que le Luxembourg était un lieu de délices pour les promeneurs fatigués.

Vous les connaissez, ces bonnes causeries, qui naissent d'une rencontre, et qui parfois décident d'une amitié durable et forte. On se voit pour la première fois, le hasard vous met face à face, et voilà que le cœur se vide, voilà qu'on se livre entier, pris d'une confiance soudaine et irréfléchie. On éprouve une sorte de volupté à se confesser ainsi au hasard; on trouve je ne sais quelle douceur dans cet abandon de soi-même, dans cette entrée brusque d'un inconnu au plus profond de son être.

En quelques minutes, les deux jeunes gens se connaissaient comme s'ils ne s'étaient jamais quittés depuis leur enfance. Ils avaient fini par se mettre côte à côte sur le banc, et ils riaient en frères.

La sympathie naît à la fois des ressemblances et des dissemblances. Le nouvel ami de Daniel s'était sans doute senti attiré vers lui par son visage souffreteux, sa gaucherie, son aspect doux et bizarre ; lui qui avait la force et la beauté, il se plaisait à être bon pour les gens chétifs. C'était là les effets de la dissemblance.

Puis, lorsqu'ils eurent causé, ils se sentirent frères dans la vie. Tous deux étaient orphelins, tous deux avaient choisi l'âpre recherche du vrai par la voie des sciences, tous deux se trouvaient abandonnés et ne devaient compter que sur eux-mêmes. Ils se ressemblaient, et les idées de l'un éveillaient dans l'esprit de l'autre des idées semblables.

Daniel, au milieu des hasards de la conversation, conta son hiftoire, en ayant soin de ne pas parler de la tâche pour laquelle il allait vivre désormais. D'ailleurs, il n'eut pas besoin de se faire violence : il avait mis son dévouement au plus profond de son cœur, et il le tenait là loin des regards de tous.

Il apprit que son compagnon luttait avec fermeté contre la pauvreté. Arrivé à Paris sans un sou, ce garçon à l'âme virile, à l'intelligence puissante, s'était dit qu'il deviendrait un des savants diſtingués de son âge. En attendant de s'élever, il tâchait de vivre ; il gagnait quelque argent à faire une besogne ingrate ; puis, le soir, il étudiait, épiant l'occasion de vaincre la mauvaise fortune.

Tandis qu'ils se confiaient l'un à l'autre, avec l'abandon et la naïveté de la jeunesse, l'ombre, sous les marronniers, devenait plus noire. On n'apercevait plus que les taches blanches faites par les tabliers et par les coiffes des bonnes. Il venait des coins du jardin un murmure vague mêlé de rires qui se traînaient doucement dans le crépuscule.

Les tambours battirent, les derniers promeneurs gagnèrent lentement les portes. Daniel et son camarade se levèrent, et tout en causant se dirigèrent ensemble vers la petite grille qui faisait alors face à la rue Royer-Collard.

Arrivés sur le trottoir de la rue d'Enfer, ils s'arrêtèrent un inſtant, continuant leurs confidences. Au milieu d'une phrase, le jeune homme s'interrompit, et interrogeant son compagnon :

— Où allez-vous ? lui demanda-t-il.

5.

— Je ne sais pas, répondit naïvement Daniel.

— Comment! vous n'avez pas de demeure, vous ne savez où coucher?

— Non.

— Vous avez mangé, au moins?

— Ma foi, non.

Ils se mirent à rire tous deux. Daniel paraissait enchanté.

Alors l'autre, d'une voix simple :

— Venez avec moi, dit-il.

Et il le conduisit chez une fruitière où il prenait ses repas. On fit réchauffer un restant d'omelette que Daniel dévora : il n'avait pas mangé depuis l'avant-veille.

Puis son compagnon le mena dans la petite chambre qu'il occupait, impasse Saint-Dominique-d'Enfer, au n° 7. La maison est aujourd'hui démolie. C'était un vaste logis, aux larges escaliers, aux longues fenêtres, qui avait servi autrefois de couvent; les mansardes, situées sur le derrière, donnaient sur des jardins plantés de grands arbres.

Les deux jeunes gens, assis devant la fenêtre ouverte, regardant les ombres noires des ormes, achevèrent de mettre leur cœur à nu. A minuit, ils causaient encore, la main dans la main.

Daniel se coucha sur un méchant petit canapé dont l'étoffe rouge s'en allait par lambeaux. Quand la lampe fut éteinte :

— A propos, lui dit son ami, je me nomme Georges Raymond. Et vous?

— Moi, répondit-il, je me nomme Daniel Raimbault.

V

Le lendemain, Georges présentait Daniel à une sorte d'auteur-éditeur pour lequel il travaillait, et le faisait admettre comme collaborateur à un dictionnaire encyclopédique qui occupait une trentaine de jeunes gens. On était là, pour ainsi dire, à titre de commis; on compilait, on collationnait pendant dix heures, et on touchait quatre-vingts à cent francs par mois, selon les mérites. Le patron se promenait dans le bureau comme un maître d'étude qui surveille des élèves; il ne lisait pas même les manuscrits, et il signait le tout. Ce travail de garde-chiourme lui rapportait environ vingt mille francs par an.

Daniel accepta avec joie et reconnaissance

le labeur de brute qu'il lui avait offert, et il se mit à ce labeur avec passion. Georges lui avança quelque argent, toutes ses économies ; il lui ouvrit un crédit chez la fruitière et lui loua, dans la maison de l'impasse Saint-Dominique-d'Enfer, une chambre voisine de la sienne.

Pendant les premiers quinze jours, Daniel fut comme écrasé par la vie nouvelle qu'il menait. Il n'était pas accoutumé à un pareil travail; le soir, il avait la tête pleine de ce qu'il avait fait dans la journée. Il ne pensait presque plus pour son propre compte.

Un dimanche matin, comme il avait tout un jour de liberté devant lui, il lui prit un désir ardent de revoir Jeanne. La nuit, il avait rêvé de la pauvre morte, et tout son enthousiasme lui était revenu.

Il sortit furtivement, sans prévenir Georges, et se dirigea vers le boulevard des Invalides.

Daniel fit le chemin gaiement. Ses membres s'étaient roidis pendant les quinze jours qu'il venait de passer, assis sur une chaise, feuilletant de vieux livres; il lui semblait qu'il se trouvait en congé, comme un écolier qui doit, le lendemain, retourner à son collége.

Il ne songeait guère, il se disait qu'il allait voir Jeanne, et il jouissait en enfant de l'air et de la marche. De l'impasse Saint-Dominique-d'Enfer au boulevard des Invalides, tout lui parut joyeux et excellent : pas la moindre triftesse, pas la plus mince inquiétude.

Quand il fut devant la grille du petit hôtel, une peur subite le prit. Il se demanda ce qu'il ferait là, ce qu'il dirait et ce qu'on lui répondrait. Il eut une défaillance. Ce qui l'embarrassait surtout, c'était d'expliquer sa visite; il s'avouait alors qu'on allait sûrement le mettre à la porte.

Mais il ne voulut pas réfléchir, car il sentait que le courage lui échappait, et il sonna bravement, tout frémissant au fond de lui.

La porte s'ouvrit, il traversa le jardin, et, comprenant que jamais il n'avait été plus gauche, il s'arrêta sur la première marche du perron. Quand il eut repris haleine, il se hasarda à lever les yeux.

On entendait dans l'hôtel un bruit violent

de marteaux; des maçons gâchaient du plâtre dans le veſtibule, et il y avait des peintres, accrochés le long de la façade, qui grattaient les murs.

Daniel, étonné, peut-être même un peu satisfait, s'approcha d'un ouvrier et lui demanda où était M. de Rionne. L'ouvrier le renvoya au concierge, et celui-ci lui apprit que M. de Rionne venait de vendre l'hôtel et qu'il habitait maintenant rue de Provence.

Le lendemain de la mort de Blanche, son mari s'était mis à déteſter ce logis, qui lui paraissait plein de sanglots. Les senteurs âpres de l'enterrement traînaient encore dans les chambres, et il frissonnait malgré lui lorsqu'il descendait l'escalier, croyant toujours entendre le bruit de la bière heurtant les marches. Il résolut de changer de demeure tout de suite.

Puis il songea que la vente de l'hôtel lui mettrait entre les mains une somme assez ronde. D'autre part, sans se l'avouer nettement, il n'était pas fâché de quitter le boulevard des Invalides et d'aller loger en plein quartier élégant; quand il pourrait reprendre sa vie de garçon, le vice y serait à portée de sa main. Il loua tout un premier étage et déménagea le plus vite possible.

Daniel prit la nouvelle adresse, et poussé par son désir de voir Jeanne à tout prix, il se dirigea vers la rue de Provence. Mais, pendant cette longue course, son cœur ne chantait plus si gaiement; les difficultés de sa tâche, l'incertitude de la vie se présentaient à lui plus menaçantes que jamais. Une averse l'obligea à se mettre sous une porte; il lui fallut marcher dans la boue, et, quand il monta l'escalier somptueux de la maison où habitait M. de Rionne, il remarqua avec terreur qu'il était horriblement crotté.

Ce fut Louis qui lui ouvrit. Sa face froide n'exprima pas la moindre surprise; on eût dit qu'il ne reconnaissait pas le jeune homme; mais il y avait dans les coins de ses lèvres cet imperceptible sourire qui aurait effrayé une personne clairvoyante.

Il dit poliment à Daniel que monsieur n'était pas là, mais qu'il ne tarderait pas à rentrer; il termina en lui conseillant de l'attendre, et l'introduisit dans un magnifique salon, tout bronze et tout marbre, où il le laissa seul.

Daniel n'osa pas s'asseoir. Ses pieds faisaient sur le tapis de larges taches, et il restait là, planté sur ses jambes, redoutant d'avancer d'un pas, car le cœur lui manquait à chaque nouvelle marque qu'il laissait de son passage. En levant les yeux, il vint à se voir en pied dans une grande glace : rien ne lui parut plus étrange que sa personne, et cela le mit presque en gaieté.

Au fond, il était enchanté de la tournure que prenaient les choses. Il ne tenait pas du tout à voir M. de Rionne, et il espérait qu'il allait pouvoir embrasser Jeanne et se retirer bien vite, avant que le père ne rentrât. Il se penchait à demi et écoutait avec anxiété ; s'il avait surpris les rires de l'enfant, il aurait pénétré tranquillement jusqu'à elle.

Tandis qu'il prêtait ainsi l'oreille, le timbre sonna, et il entendit dans l'antichambre le bruit d'une robe de soie ; puis il y eut un rire de femme, et la nouvelle venue se mit à causer à demi-voix avec Louis. Les paroles n'arrivaient pas jusqu'à Daniel.

Au bout d'un instant, la robe de soie fit entendre de nouveau son murmure sourd et cassant, la porte du salon s'ouvrit, et une jeune femme parut sur le seuil.

C'était Paillette.

Elle était adorablement vêtue de gris clair, avec de larges dentelles blanches et de minces rubans d'un bleu pâle. Sa petite tête, fine et hardie, souriait dans ses cheveux blonds, frisés et bouclés. Le blanc et le rose dont elle s'était plaqué les joues donnaient à son visage un aspect maladif et charmant. Elle portait en façon de chapeau une tresse de paille dans laquelle étaient piqués des bluets.

Paillette se trouvait dans la peine ; on allait lui vendre ses meubles, et alors elle avait songé à M. de Rionne qu'elle ne voyait plus depuis quinze jours. Poussée par la nécessité, elle courait après lui, ce dont elle enrageait.

Elle s'avança, se balançant délicieusement, puis, lorsqu'elle fut au milieu du salon, elle se trouva face à face avec Daniel ; elle le regarda, et l'effort qu'elle fit pour retenir l'éclat de rire qui lui montait à la gorge faillit l'étouffer.

Ce grand garçon, à la figure longue et aux cheveux jaunes, qui se tenait là, les jambes écartées, tout ahuri, lui parut être le dernier mot du ridicule et de l'étrange. Elle suffoquait de gaieté.

Elle se hâta de gagner une pièce voisine, et Daniel l'entendit rire comme une folle. Il lui fallut bien deux bonnes minutes pour se soulager.

Comme elle finissait, le timbre retentit de nouveau. Cette fois, c'était M. de Rionne qui rentrait. Il échangea quelques mots avec Louis et, soudain, parut s'irriter. Il ouvrit violemment la porte du salon.

Daniel se faisait tout petit, et il sentait sa langue se coller à son palais. Il se posait la terrible question : qu'allait-il dire, et qu'allait-on répondre ? Il s'était réfugié dans un coin, attendant avec angoisse.

M. de Rionne ne le vit même pas. Il traversa brusquement le salon et entra dans la pièce voisine, où se trouvait Paillette. En ce moment, cet homme se trouvait véritablement indigné de l'audace de cette femme; il était encore trop plein de ses amertumes récentes pour accepter tranquillement l'infamie; il avait devant les yeux le cadavre de Blanche, et son épouvante lui faisait une vertu.

Daniel, sans écouter, entendit ces paroles prononcées à voix haute :

— Que faites-vous là? demanda M. de Rionne avec colère.

— Je viens vous voir, répondit paisiblement Paillette.

— Je vous ai défendu de venir chez moi. Vous deviez y venir moins que jamais, dans le deuil où je me trouve.

— Voulez-vous que je m'en aille?

M. de Rionne ne parut pas entendre. Il éleva la voix davantage.

— Votre présence est déplacée ici, cria-t-il; je vous croyais plus de cœur et plus de bon sens.

— Alors je m'en vais, dit Paillette.

Et elle se mit à rire, prête à se retirer, donnant de petites tapes sur sa jupe qui rendait un son métallique.

M. de Rionne s'emporta, il répéta sous

toutes les formes que Paillette n'aurait pas dû se montrer chez lui ; la jeune femme offrait toujours de s'en aller, et il ne finissait pas, et elle ne s'en allait pas.

Puis, le bruit des voix se calma peu à peu. Les phrases devinrent plus longues et plus douces. Bientôt ce ne fut plus qu'un murmure, et Daniel crut diftinguer le son d'un baiser.

Il ne voulut pas refter là davantage. Il rentra dans l'antichambre, où il trouva Louis, qui lui dit sans rire, avec une dignité écrasante :

— Je crois que monsieur ne vous recevra pas aujourd'hui.

Daniel avait déjà ouvert la porte.

— Mademoiselle Jeanne n'eft pas ici, au moins ? demanda-t-il avec colère.

Louis fut tellement surpris de cette question, qu'il faillit perdre son calme superbe.

— Non, non, balbutia-t-il, elle eft chez sa tante, madame Tellier.

Et comme Daniel lui demandait l'adresse de cette dame, il la lui donna. Elle demeurait rue d'Amfterdam.

M. de Rionne avait compris qu'il ne pouvait garder sa fille auprès de lui. D'ailleurs, il n'était pas fâché de se débarrasser de ce pauvre être qui l'aurait gêné plus tard. Il ne pouvait souffrir les enfants : ces petites créatures qui crient et qui se roulent sur le tapis l'irritaient dans ses goûts d'homme oisif et délicat.

Il avait confié Jeanne à sa sœur, au hasard, sans s'inquiéter de l'avenir de l'enfant. « Elle sera mieux chez toi, avait-il dit à madame Tellier : une femme eft nécessaire à l'éducation d'une fille. Si j'avais eu un garçon, je l'aurais gardé. » Et il mentait, car il souhaitait ardemment une liberté entière.

Daniel descendit l'escalier, en répétant tout bas l'adresse qu'on venait de lui indiquer. Il se mourait de faim et de fatigue ; mais il ne voulut pas s'arrêter un inftant, et il courut rue d'Amfterdam.

L'averse avait nettoyé le ciel ; il faisait un soleil clair, et les pavés étaient tout blancs de lumière. Daniel répara le désordre de sa toilette : il frotta son pantalon et effaça du coude les gouttes de pluie marquées sur son chapeau.

La demeure de madame Tellier était une de ces grandes maisons neuves, si déplaisantes, avec leurs larges façades plates, ornées de maigres sculptures. La porte cochère s'ouvrait, longue et étroite, sur une petite cour au milieu de laquelle il y avait tout juste la place d'une corbeille de verdure et de fleurs.

Daniel s'engagea résolûment sous la porte cochère. Comme il s'y trouvait, il faillit être écrasé par une calèche qui sortit brusquement d'un coin de la cour et qui passa à grand tapage sous la voûte. Il n'eut que le temps de se réfugier sur le mince trottoir intérieur.

Dans la calèche, il aperçut, largement étalée, une femme de vingt-cinq à trente ans qui le regarda avec une indifférence et un dédain suprêmes. Elle était merveilleusement mise, d'une façon très-compliquée et très-riche. Elle ressemblait à Paillette, ou du moins tâchait de lui ressembler par son allure et ses chiffons, sans pouvoir y arriver tout à fait.

Daniel s'adressa à une femme de chambre

qui était reftée sur le perron, regardant la voiture s'éloigner. Il lui demanda madame Tellier.

— Elle sort, répondit-elle, vous venez de la voir.

Daniel demeura fort embarrassé. « Ainsi, pensait-il, cette dame, si étrangement vêtue, eft la nouvelle mère de Jeanne ! » Et, à cette pensée, il éprouva comme un vague effroi.

La sœur de M. de Rionne, à seize ans, avait été une jeune ambitieuse, très-froide et très-positive, cherchant à tirer de la vie le meilleur parti possible pour sa vanité et pour son amour du luxe. Elle s'était posé la queftion du mariage comme un problème d'arithmétique, et elle avait résolu ce problème avec toute l'exactitude d'un mathématicien.

D'une intelligence nette et égoïfte, elle voyait très-clair dans ses intérêts. Le monde moral lui était complétement fermé, et son cœur ne l'embarrassait guère. Très-bornée lorsqu'il s'agissait de passion et de sentiment, elle se montrait fort intelligente dès qu'il lui fallait disposer de son corps et de sa fortune.

Aussi avait-elle pris en haine la noblesse,

la classe dans laquelle elle était née. Elle disait que, parmi ces gens-là, les maris mangent d'ordinaire tout l'argent, et que les femmes n'ont bientôt plus vingt pauvres robes à se mettre. Elle regardait le ménage de son frère avec une condescendance pleine de pitié, et elle pensait que cette pauvre Blanche avait été une petite imbécile en épousant un homme qui prenait tout le plaisir et toute la dépense pour lui.

Elle s'était carrément mariée avec un induftriel, comprenant qu'un tel homme travaillerait pour elle et qu'elle serait seule à puiser dans les sacs. Et elle y puisait à pleines mains, sachant qu'ils étaient inépuisables. Son calcul se trouva jufte en tous points. M. Tellier garda ses habitudes de parvenu, il augmenta la richesse commune sans y toucher jamais. Sa femme, dans ses jours de gaieté, se disait tout bas qu'elle était le de Rionne de la communauté.

Elle avait cependant une inquiétude. L'induftriel tournait peu à peu à l'homme politique. Il parlait de la députation. Au fond, elle aurait préféré qu'il se tînt tranquille.

Quant à elle, elle était devenue la reine de la mode, et ce titre lui coûtait fort cher. Elle avait un renom d'extravagance exquise; elle se jetait dans tous les ridicules, et les changeait aussitôt en suprêmes élégances.

Elle nourrissait une haine terrible contre Paillette et ses pareilles, car elle se trouvait souvent obligée de les copier; mais elle avait découvert la ressource de les copier en les exagérant, de façon à les devancer et à paraître leur donner le ton. Elle en était arrivée ainsi à la démence complète en matière de toilette, et toutes les femmes de Paris tâchaient en vain d'être aussi folles qu'elle.

Un jour, aux courses, on l'avait insultée, la prenant pour une Paillette quelconque. Elle s'irrita, pleura, se fit connaître, exigea des excuses. Au fond, elle était enchantée.

Daniel, à la voir passer, eut comme une rapide intuition de ces choses, et il se tenait debout devant la femme de chambre, n'osant la queftionner.

La femme de chambre était bonne fille. La voyant sourire :

— Pardon, lui demanda-t-il, mademoiselle Jeanne de Rionne eft-elle là ?

— Oh! non, répondit-elle. Elle était toujours dans les jupes de madame, et madame eft trop nerveuse pour souffrir un enfant autour d'elle.

— Et où eft-elle, maintenant ?

— On l'a mise au couvent, il y a huit jours.

Daniel demeura interdit. Il reprit en hésitant :

— Reftera-t-elle longtemps au couvent?... Quand reviendra-t-elle ?

— Ah! mais, je ne sais pas, moi, répondit la femme de chambre, qui commençait à s'impatienter. Je crois que madame compte bien l'y laisser pendant une dizaine d'années.

VI

Douze ans se passèrent.

La vie de Daniel, pendant ce long espace de temps. fut simple et régulière. Les jours se succédaient, tranquilles et égaux, et lorsque ses souvenirs s'éveillaient, les années lui paraissaient des mois. Il vécut en lui, s'isolant et se plaisant dans la pensée conftante qui le guidait en ce monde. Il trouvait Jeanne au fond de chacun de ses actes, de chacune de ses idées, Cette sorte de monomanie généreuse le plaça dans une sphère calme et sereine, loin des hontes et des misères de l'exiftence. Il fut protégé à chaque heure par cette fillette blonde, qu'il voyait toujours toute petite. avec son bon sourire d'ange.

Et il eut cette gravité du prêtre qui passe dans les rues, portant Dieu en lui et n'entendant pas les cris de la foule. Quand on l'interrogeait brusquement, sa pensée semblait toujours descendre de haut et faire des efforts pour s'accommoder aux choses de la terre.

Son allure devint lente et triste. Ce n'était plus ce garçon maladroit, à la mine effarée, ne sachant que faire de ses bras et de ses jambes ; c'était un homme doux et timide, légèrement voûté, faisant oublier sa laideur par le charme de son sourire et de son regard. Les femmes ne l'aimaient pas, car il ne savait que leur dire, et leur présence seule suffisait pour lui rendre sa gaucherie d'autrefois.

Il travailla pendant près de huit ans au dictionnaire encyclopédique dont j'ai parlé. Ce travail anonyme lui plaisait. Il goûtait une sorte de volupté, seul, dans le coin d'un bureau, à se dire qu'il était là paisible et inconnu. Il préférait attendre ainsi le jour où la lutte le réclamerait.

Parfois, il levait la tête et il rêvait. Il se figurait l'heure où Jeanne sortirait du couvent et où il la reverrait. C'était là ses grandes récréations, des moments délicieux et consolateurs. Le reste du temps, il fonctionnait comme une machine; pour dégager sa pensée bien-aimée, il avait réduit son corps à exécuter ponctuellement sa besogne d'employé.

L'auteur du dictionnaire avait vite compris le parti qu'il pouvait tirer de ce jeune imbécile qui travaillait comme un nègre, sans se plaindre, avec des sourires de béatitude. Depuis longtemps, il cherchait le moyen de gagner ses vingt mille francs sans même venir au bureau. Il était las de surveiller ses prisonniers. Daniel fut une trouvaille précieuse pour lui. Peu à peu il le chargea de la direction de toute la besogne, distribution du travail, révision des manuscrits, recherches particulières. Et, moyennant le déboursé de deux cents francs par mois, il résolut le difficile problème de ne jamais toucher à une plume et d'être l'auteur d'un ouvrage monumental.

Daniel se sentit avec délices écrasé par le travail. Ses compagnons, qui n'avaient plus le terrible auteur derrière eux, compilaient le moins possible, et il se trouvait forcé de faire leur besogne.

Il acquit ainsi de vastes connaissances ; son esprit puissant retint et classa toutes les sciences diverses qu'il était obligé de remuer, et cette encyclopédie, qu'il bâtissait presque à lui seul, se gravait dans son cerveau. Ces huit années de recherches incessantes en firent un des jeunes gens les plus érudits de France. De l'employé modeste et exact, il sortit un savant de premier mérite.

Il se plut surtout à l'étude des vérités mathématiques et naturelles. Il s'était réservé la partie scientifique, et, le soir, rentré chez lui, il travaillait encore, il cherchait avec passion à formuler la philosophie des sciences. Dans la solitude chaste où il vivait, n'ayant qu'une enfant de six ans dans le cœur, il aima d'amour l'analyse et la synthèse; il mit à étudier les emportements de son âme ardente.

Plusieurs fois Georges Raymond avait voulu lui faire quitter la place ingrate où il usait le meilleur de lui-même. Il désirait le prendre avec lui pour écrire en commun un ouvrage important. Mais Daniel ne souhaitait pas la liberté, il se trouvait bien dans sa servitude, qui lui donnait ce qu'il souhaitait, un travail acharné, incessant.

Georges n'était plus le pauvre hère qui lisait modestement assis sur un banc du Luxembourg. Il avait joué si énergiquement des coudes, qu'il venait enfin de se faire une place au soleil. Il commençait à être connu dans le monde scientifique par des travaux très-remarquables sur certains points de l'histoire naturelle.

Daniel se décida enfin à abandonner son bureau et à accepter la proposition de Georges. Le dictionnaire encyclopédique se trouvait à peu près terminé : il lui manquait, pour être publié complétement, quelques livraisons dont les matériaux étaient prêts.

Les deux jeunes gens ne se quittèrent plus. Ils n'avaient d'ailleurs jamais cessé, depuis leur rencontre, de vivre dans une étroite intimité. Ils mirent leur intelligence en commun, et écrivirent plusieurs mémoires sur leurs recherches qui firent grand bruit. Daniel consentit à partager les bénéfices, mais il ne voulut jamais signer de son nom. Il considérait toute cette époque de sa vie comme du temps perdu, il se réservait pour sa véritable œuvre, qui devait être le bonheur de Jeanne. Il aurait cru manquer à sa tâche, s'il avait attaché quelque gloire au travail présent, et il grandissait en science et en mérite, sans le vouloir, uniquement pour ne pas rester oisif.

Georges, connu, presque célèbre, était allé habiter tout un appartement, rue Soufflot. Daniel n'avait pas voulu quitter la vieille maison de l'impasse Saint-Dominique-d'Enfer. Il se trouvait bien là, dans ce coin perdu, n'entendant pas les bruits de la ville. Son cœur s'épanouissait dès qu'il montait les marches rompues du large escalier. Sa chambre, étroite et haute, avait un air de tombe qui lui plaisait; il s'y enfermait et s'y oubliait; il aurait voulu n'en sortir que pour courir auprès de Jeanne. Il aimait le ciel et les arbres qu'on apercevait de la fenêtre, parce que bien souvent il les avait regardés, dans ses heures de rêveries, en songeant à sa chère petite fille.

Pendant douze ans, il resta ainsi dans cette chambre silencieuse. Elle était si pleine pour lui de sa chère et unique pensée, qu'il ressentait une sorte d'épouvante à l'idée de la quitter. Il lui semblait qu'ailleurs il n'aurait plus vu Jeanne devant lui, dans chaque objet.

Parfois, Georges le soir accompagnait Daniel jusqu'à sa demeure. Et ils avaient de longues et bonnes causeries sur les premières années de leur amitié, lorsque tous deux logeaient dans la maison.

Ils y vivaient alors presque seuls, voyant quelques rares camarades. C'était dans cette solitude que leur sympathie avait fini par se changer en eſtime et en affection raisonnées. Ils avaient appris à se connaître et à s'aimer; leur raison était ainsi devenue complice de leur cœur.

Daniel éprouvait pour Georges un sentiment tout fraternel. Il se reposait dans ce caractère loyal et droit; il en connaissait la fermeté et la douceur. Georges était sa troisième tendresse dans la vie, et il se demandait parfois ce qu'il serait devenu, s'il ne l'avait pas rencontré.

Il ne songeait point, en se posant cette queſtion, au secours matériel que son ami lui avait prêté. Lui qui se sentait le besoin éternel d'aimer et d'être aimé, il remerciait simplement le ciel de lui avoir envoyé cette bonne amitié qui l'avait aidé à vivre.

Georges, dont la nature était plus froide, n'avait pas les expansions nerveuses de Daniel ; il le traitait un peu en enfant et l'aimait en frère aîné. Il avait vite pénétré les tendresses profondes de ce cœur, il savait quelle âme dévouée se trouvait dans cette chétive et bizarre créature, et il en était arrivé à ne plus voir les allures et le visage étranges de Daniel. Quand on riait de son ami, il s'étonnait ; il ne pouvait comprendre que tout le monde n'aimât pas cette intelligence tendre et élevée.

Il s'était aperçu que Daniel cachait un secret au plus profond de son cœur. Jamais il ne le queſtionna, jamais il ne voulut le forcer aux confidences. Il savait vaguement qu'il était orphelin, qu'une sainte femme l'avait recueilli et fait élever, et que cette femme était morte. Cela lui suffisait. Il se disait que son ami ne pouvait cacher qu'une bonne pensée.

Pendant douze ans, Daniel alla chaque mois rue d'Amſterdam. Il n'entrait pas toujours, il rôdait autour de la maison, et, parfois, il se hasardait à demander des nouvelles de Jeanne.

Ces jours-là, il se levait de bonne heure. Il faisait le chemin à pied, une grande lieue, avec une sorte de gaieté, une espérance inquiète. Il se trouvait heureux dans les rues, seul au milieu de la foule, n'ayant même plus Georges à son côté, et il y avait tout au fond de lui un espoir secret de revoir enfin son enfant bien-aimée.

Il arrivait, et longtemps il se promenait sur le trottoir, allant et venant, regardant la porte de loin. Puis il se rapprochait et guettait la sortie d'un domeftique; s'il ne voyait personne qu'il pût interroger, parfois il s'en retournait trifte et découragé, parfois il se décidait à entrer chez le concierge, qui le recevait brusquement, avec des regards de défiance.

Mais quelle joie, lorsqu'il pouvait arrêter une personne de l'hôtel et la queftionner à l'aise! Il était devenu très-rusé, il inventait des fables, il amenait tout naturellement le nom de mademoiselle Jeanne de Rionne, et il attendait avec anxiété ce qu'on allait lui répondre. Quand on lui disait : « Elle va bien, c'eft une bonne et brave jeune fille, » il était tenté de remercier les gens, comme si on l'eût félicité des grâces et des mérites de son propre enfant.

Et, le cœur débordant d'allégresse, il s'en allait dans les rues, comme un homme ivre, coudoyant les passants, se retenant pour ne pas chanter à gorge déployée. Il sortait de la ville, faisant mille rêves de dévouement et de tendresse; il courait la banlieue, mangeait en riant dans un cabaret, se couvrait de boue ou de poussière, et ne regagnait que le soir l'impasse Saint-Dominique-d'Enfer, mort de fatigue et de joie.

Georges était habitué à ces équipées. Les premières fois, lorsque son ami rentra, il le plaisanta, il le gronda presque. Et, comme le coureur gardait un silence farouche, il se contenta de sourire, après chaque nouvelle sortie, et de dire à demi-voix :

— Allons, Daniel eft allé voir sa maîtresse.

Un jour, comme le jeune homme arrivait

essoufflé, le visage rayonnant, il lui prit les mains, et, se hasardant :

— Eſt-elle belle, au moins, ta maîtresse? lui demanda-t-il.

Daniel, sans répondre, le regarda d'un air si surpris et si navré, qu'il eut conscience d'avoir commis une sottise, et ce fut depuis ce jour qu'il respecta religieusement le secret de son ami. Sans savoir pourquoi, lorsqu'il le voyait revenir, après une journée d'absence, il l'aimait davantage.

Ils vécurent ainsi côte à côte, n'admettant personne entre eux. Dans les commencements, ils recevaient parfois un voisin, un jeune homme du nom de Lorin, qui courait après la fortune. Ils l'acceptaient, ne pouvant le mettre à la porte; mais son visage bilieux et ses yeux rapides, ne se fixant jamais, leur déplaisaient et les inquiétaient.

Ce Lorin était un intrigant en herbe, qui guettait l'occasion, tout prêt à employer les moyens bons ou mauvais. Il disait d'ordinaire que la ligne droite, dans la vie, eſt le chemin le plus long. Rien ne lui paraissait plus maladroit que de prendre une carrière quelconque, la médecine ou la procédure, par exemple; ces médecins et ces avocats gagnent sou à sou une pauvre petite aisance. Lui, il voulait aller plus vite, il n'avait garde de chercher une profession comme tout le monde; il furetait, il attendait, il jurait qu'il gagnerait du premier coup toute une fortune.

Et il la gagna comme il l'avait dit. Il parla de gains réalisés au jeu, d'affaires de Bourse. Cela devait être vrai; mais on ne sut jamais nettement à quoi s'en tenir. Puis, il se lança dans les affaires, il plaça son argent dans l'induftrie, et, en quelques années, l'intrigue et le hasard aidant, il devint puissamment riche.

Daniel et Georges, qui avaient appris sur son compte plusieurs détails assez délicats, furent enchantés de ne plus le voir. Il habitait maintenant la chaussée d'Antin et déteftait le souvenir de l'impasse Saint-Dominique-d'Enfer.

Il vint cependant un soir leur rendre visite, pour étaler son luxe et sa bonne mine. Dans le contentement de son ambition, il était devenu beau garçon; la richesse avait donné de l'assurance à ses regards, et la bile s'en était allée de son visage.

Les deux amis le reçurent très-froidement. Il ne revint pas.

Tel était le seul étranger qui essaya de pénétrer dans leur amitié. Ils se suffirent l'un à l'autre, ils s'aimèrent et ils s'unirent jusque dans leur intelligence. Georges n'avait jamais pensé que Daniel pourrait le quitter un jour.

VII

Un matin, Daniel alla rue d'Amſterdam, et, lorsqu'il rentra le soir, il déclara à Georges qu'il partait le lendemain pour ne plus revenir sans doute.

Il avait appris dans la journée que Jeanne était sortie définitivement du couvent depuis quinze jours, et qu'elle habitait chez sa tante. Cette nouvelle l'avait rendu comme fou. Il n'eut plus qu'une pensée : entrer, se fixer dans cette maison où se trouvait sa chère tendresse.

Il chercha, inventa, se mit en campagne. Il finit par savoir que M. Tellier, qui venait enfin d'entrer au Corps législatif, désirait un secrétaire, et son plan fut aussitôt fait. Il courut demander des recommandations, il envoya parler pour lui l'auteur du Dictionnaire, qui lui gardait une sorte d'amitié égoïste.

Il devait se présenter le lendemain, et il était certain d'être accepté.

Georges, douloureusement surpris, regardait Daniel et ne trouvait pas une parole.

— Mais nous ne pouvons nous quitter ainsi, dit-il enfin. Nous avons du travail sur le chantier pour plusieurs années. Je comptais sur toi, j'ai besoin de ton aide... Où vas-tu ? que veux-tu faire ?

— Je vais entrer comme secrétaire chez un député, répondit simplement Daniel.

— Toi, le secrétaire d'un député ! — et Georges se mit à rire, — tu plaisantes, n'est-ce pas ? tu ne peux sacrifier la large carrière qui s'ouvre devant toi, pour une place infime et ingrate. Songe que l'avenir est à nous, et que tu dois être un des hommes célèbres de demain.

Daniel haussa les épaules avec une parfaite indifférence, et il eut un sourire de suprême dédain. Que lui importait la célébrité, que lui importait l'abandon de son génie ! Son avenir n'était-il pas le bonheur de Jeanne ? Il lui sacrifiait, sans même y penser, son amour de la science ; il descendait, il acceptait une position inférieure, une sorte de servitude de la pensée, pour pouvoir veiller plus à l'aise sur l'enfant qu'on lui avait confiée.

— Ainsi, tu ne veux point faire ton chef-d'œuvre ? répétait Georges avec insiftance.

— Mon chef-d'œuvre eft ailleurs, répondit doucement Daniel ; je te quitte pour aller y travailler. Ne me queftionne pas ; je te dirai tout un jour, lorsque la besogne sera achevée. Ne me plains pas surtout. Je suis heureux, car il y a douze ans que j'attends la félicité qui m'arrive aujourd'hui. Tu me connais, tu sais que je suis incapable de faire une action bête ou honteuse. N'aie donc point souci de mon départ, dis-toi que mon cœur eft satisfait et que je vais accomplir ma tâche en cette vie.

Georges lui serra la main pour toute réponse. Il comprenait que la séparation était nécessaire, il sentait dans les paroles de son ami une ardeur si généreuse, qu'il devinait, dans ce départ brusque, un dévouement sans bornes.

Le lendemain, Daniel le quitta avec de grosses larmes dans les yeux. Il avait passé la nuit sans dormir, rangeant tout dans sa chambre, disant un adieu suprême à ces pauvres murs dans lesquels il ne rentrerait plus sans doute que pour prendre sa malle. Son cœur battait d'allégresse, et il y avait en lui une triftesse vague, cette triftesse que les bonnes âmes éprouvent lorsqu'elles quittent une demeure où elles ont espéré et pleuré.

Dans la rue, il retint Georges un inftant.

— Je viendrai te voir le plus souvent possible, lui dit-il rapidement. Ne m'en veux pas, et travaille pour deux.

Et il se sauva, marchant vite. Il n'avait pas voulu que son ami l'accompagnât.

Un tel flot de pensées battait dans sa tête, qu'il arriva rue d'Amfterdam sans avoir conscience du chemin parcouru.

Le passé et l'avenir l'emplissaient : il revoyait madame de Rionne mourante; il suivait avec une merveilleuse lucidité, mois par mois, les années écoulées, et, en même temps, il cherchait à prévoir les événements qui allaient se succéder.

Une figure dominait ses rêveries : c'était celle de Jeanne, de Jeanne toute petite, telle qu'il l'avait laissée dans le carré de verdure, au boulevard des Invalides. Et il se sentait des chaleurs dans la poitrine, des élans de tendresse brûlante.

En somme, cette petite fille était à lui, sa mère la lui avait donnée, elle lui appartenait comme un héritage d'amour. Il s'étonnait qu'on eût pu la lui voler si longtemps; il se révoltait, puis s'apaisait, lorsqu'il venait à songer qu'on allait la lui rendre. Elle serait à lui, toute à lui. Il l'aimerait comme il avait aimé sa mère, à deux genoux, ainsi qu'une sainte. Et sa tête extravaguait, et il sentait monter dans son être la sublime folie de l'abnégation.

Son affection débordait et l'étouffait. Pendant douze ans, il avait mis fortement les mains sur son cœur pour l'empêcher de battre; il s'était réduit au rôle de machine, il avait attendu muet, froid, passif. Le réveil venait enfin, un réveil terrible de passion et de fougue. Il s'était opéré dans ce cœur un travail caché, incessant; les facultés aimantes, par manque d'expansion, s'y trouvaient accrues et irritées; la pensée du dévouement, toujours présente, y avait grandi, heure par heure. Daniel en était arrivé ainsi à l'idée fixe; tout s'exagérait devant lui, et il ne pouvait penser à Jeanne sans être tenté de s'agenouiller.

Il se trouva tout à coup dans le cabinet de M. Tellier, sans savoir comment il y était entré. Il entendit un domeſtique qui lui disait : « Veuillez vous asseoir, Monsieur va venir, » et il s'assit, tout essoufflé, tâchant d'être calme.

Cet inſtant de solitude lui fit du bien. Il aurait balbutié, s'il avait trouvé là son futur maître. La pièce dans laquelle il était avait des odeurs de vieux papiers, et elle lui parut si froide, si bête, avec la gravité ridicule de ses grands cartons verts, qu'il se sentit subitement tout refroidi.

Il se leva et fit le tour du cabinet, regardant les cartes de géographie, la bibliothèque, les mille babioles qui encombraient le bureau. Toutes ces choses, fort luxueuses d'ailleurs, avaient l'air d'être là comme dans les vitrines d'un magasin, — pour être vues du public.

Il y avait sur une console une jolie petite statuette de la Liberté en marbre blanc, que Daniel aurait prise pour une Vénus, s'il n'avait aperçu le bonnet phrygien posé coquettement sur les cheveux frisés de la lorette.

Le jeune homme regardait curieusement ce joujou, se demandant ce qu'il faisait en cet endroit, lorsqu'il entendit un bruit de toux.

M. Tellier entra.

C'était un gros homme, à la figure large, aux yeux ronds et saillants. Il portait la tête haute, dignement. Quand il parlait, il faisait un geste avec la main droite, toujours le même.

Daniel lui expliqua brièvement qui il était et ce qu'il désirait.

— Ah! bien! répondit-il, on m'a parlé de vous, et je crois que nous pourrons nous entendre. Asseyez-vous, je vous prie.

Et il alla s'asseoir lui-même dans le fauteuil

qui se trouvait devant le bureau. C'était là sa place, quand il voulait être très-digne.

M. Tellier était loin d'être un méchant homme, et il avait fait preuve parfois d'une intelligence suffisante. Trois ou quatre idées solennelles, lorsqu'on poussait certains ressorts, se promenaient dans son cerveau, pareilles à ces petites poupées qui tournent dans les orgues de Barbarie.

Quand ces trois ou quatre idées dormaient, il était d'un vide à faire peur.

Il n'avait qu'un seul vice, celui de se croire un profond politique. Il clabaudait gravement, il gouvernait les États, comme les portières gouvernent leurs loges, répétant les mêmes phrases, délayant une pensée toute mince et toute banale dans un déluge de mots. Il était d'ailleurs de la meilleure foi du monde, et vivait en paix dans sa sottise.

Dès l'enfance, il avait parlé du peuple et de la liberté avec des solennités écrasantes. Plus tard, en pleine prospérité, ayant sous ses ordres tout un monde d'ouvriers, il continua ses discours philanthropiques, sans songer qu'il ferait mieux de parler moins et d'augmenter le salaire de ses hommes. Mais le peuple et la liberté étaient pour lui des choses abſtraites qu'on ne pouvait aimer que platoniquement.

Lorsqu'il eut amassé une fortune colossale, il songea à ne plus vivre que pour le plaisir : il se fit nommer député.

Il éprouvait des joies d'enfant lorsqu'il se rendait à la Chambre. Il y écoutait religieusement ces longues phrases vides qu'il aimait ; il croyait naïvement que tout ce qu'on disait là était arrivé, et, chaque soir, en rentrant chez lui, il était persuadé qu'il venait de sauver la France.

Il faisait de l'opposition pour l'amour de l'art. Puis cela lui donnait, à ses propres yeux, une importance considérable. Il pensait être la digue nécessaire opposée à l'envahissement de la tyrannie. Il s'étonnait, dans les rues, que le peuple ne tombât pas à ses genoux en le nommant son père.

Il n'inquiétait d'ailleurs personne, pas plus le pouvoir que l'opposition, et il était si bête, dans certaines circonſtances, que plusieurs le croyaient vendu. Le pauvre cher homme n'aurait pas trouvé d'acquéreur, car il s'eftimait trop haut et il valait trop peu. Il y avait en lui l'étoffe d'un imbécile, et non d'un intrigant.

Il parlait parfois au Corps législatif, lisant des discours interminables. Il avait un jour traité une queftion induftrielle, et il s'en était fort bien tiré, car il se trouvait là dans son élément. Mais sa vanité rêvait les grandes discussions de principes, et alors il pataugeait misérablement au milieu des lieux communs de toutes les démocraties.

Sa femme fit tout au monde pour l'empêcher d'entrer à la Chambre.

Elle n'avait que l'ambition de son luxe, et elle préférait que son mari s'effaçât complétement. Mais il tint bon, lui déclara qu'il lui laissait la liberté de ses amusements, et qu'il voulait, de son côté, se divertir comme il l'entendait. Ils firent bande à part. La femme, exaspérée, afficha les toilettes les plus excentriques, jetant l'or par les fenêtres; le mari déclama contre le luxe, vanta la rudesse salutaire des républiques, étala les phrases vides de son humanitairerie. Au fond, ils étaient aussi fous l'un que l'autre.

Dès lors, l'ambition de M. Tellier ne connut plus de bornes, et il rêva le titre d'auteur. Il entreprit un vaste ouvrage d'économie politique, dans lequel il ne tarda pas à se perdre. C'est en ce moment qu'il sentit le besoin d'un secrétaire.

Daniel se fit très-humble et très-dévoué. Il accepta toutes les conditions qu'il plut à M. Tellier de lui imposer; d'ailleurs, il écoutait à peine et avait hâte d'être installé dans la maison.

Comme tout était convenu :

— Ah! j'oubliais, dit le député avec une sorte d'étonnement douloureux. Puisque nous allons vivre ensemble, il faut qu'il n'y ait aucune aigreur entre nous. La foi est libre, et je ne voudrais pas demander la moindre concession à votre conscience... Quelles sont vos opinions?

— Mes opinions? répéta Daniel ahuri.

— Oui. Êtes-vous libéral?

— Oh! libéral, tout ce qu'il y a de plus libéral! s'empressa de répondre le jeune homme, qui se souvint heureusement de la petite ſtatuette en marbre.

Et il se tourna inſtinctivement vers la console.

— Vous l'avez vue? reprit M. Tellier d'un ton pénétré.

Il se leva et prit la poupée entre ses doigts.

— C'eſt la grande Mère, ajouta-t-il avec emphase, c'eſt la Vierge humaine qui doit régénérer les peuples.

Daniel le regardait curieusement, s'étonnant d'entendre employer de si gros mots à propos d'une si petite chose. Le député regardait le marbre amoureusement, et il avait l'air d'un grand enfant qui joue avec un pantin. Un jour, son joujou avait disparu, et il le chercha pendant plusieurs heures; c'était Jeanne, sortie pour une journée du couvent, qui l'avait pris et qui berçait ainsi la Liberté dans ses petites mains, croyant bercer une poupée.

A voir les regards émus de M. Tellier, Daniel comprit que cette petite bonne femme représentait exactement pour lui la déesse forte et puissante. La Liberté qu'il réclamait à grands cris n'était autre que cette lorette en marbre, toute mignonne et toute souriante. C'était, en un mot, une Liberté de poche.

M. Tellier se décida à reprendre place dans son fauteuil. Il accepta définitivement les services de Daniel, et il se lança dans des considérations politiques de la plus haute obscurité. Le pauvre garçon commençait à faire son apprentissage de meuble obéissant.

Au milieu d'une longue période qu'il cadençait avec amour, l'orateur fut désagréablement interrompu par de petits cris joyeux qui partaient de la pièce voisine. « Mon oncle, mon oncle! » disait une jeune voix avec des éclats de gaieté. Et la porte s'ouvrit vivement.

Une grande jeune fille entra, toute turbulente, et, courant à M. Tellier, elle lui montra deux oiseaux des îles enfermés dans une cage dorée qu'elle tenait à la main.

— Oh! voyez donc, mon oncle, dit-elle, comme ils sont gentils avec leur grand tablier rouge, leur manteau jaune et leur aigrette noire!... On vient de me les donner.

Et elle riait, renversant la tête pour mieux voir les prisonniers, avec des mouvements d'une souplesse exquise.

Elle avait l'air enfant, tout grande fille qu'elle était. On eût dit qu'elle emplissait l'auſtère cabinet d'air et de lumière; ses jupes blanches jetaient un éclat doux et clair, son visage rayonnait comme une aurore rose pâle. Elle allait et venait, balançant la cage, prenant toute la place, laissant partout ce parfum vague et indéfinissable de la jeunesse et de la beauté. Puis elle se tint droite, sérieuse, fière, le front large et les yeux profonds, dans sa virginité hautaine et ignorante.

C'était la petite Jeanne.

La petite Jeanne!... Daniel s'était levé, tremblant, regardant sa chère fille avec une sorte de terreur respectueuse. Il n'avait jamais songé qu'elle devait avoir grandi. Il se l'était toujours figurée telle qu'il l'avait quittée, et il s'attendait, lorsqu'il la reverrait, à se baisser et à l'embrasser sur le front.

Et voilà qu'elle était toute grande, toute belle, tout orgueilleuse. Elle lui parut semblable aux autres femmes qui riaient de lui.

Pour rien au monde, il n'aurait voulu s'approcher d'elle et l'embrasser. A la pensée qu'elle allait le regarder, il lui prenait des défaillances.

On lui avait changé sa fille; c'était une toute jeune enfant qu'il voulait, car jamais il n'oserait parler à cette grande et belle personne qui riait si gaiement et qui paraissait si fière. Dans ce premier moment d'étonnement et de timidité, il ne savait plus bien ce qu'il faisait là, il oubliait ce que la pauvre morte lui avait dit.

Il s'était réfugié dans un coin, se tenant debout, ne sachant que faire de ses mains. Malgré son anxiété, il ne pouvait détourner ses regards du visage de la jeune fille; il se disait qu'elle ressemblait à sa mère, comme la vie ressemble à la mort, avec toutes les splendeurs de la lumière, et il sentait une chaleur douce monter dans sa poitrine.

Jeanne, qui écoutait les remontrances de son oncle, ne le voyait seulement pas.

M. Tellier, contrarié d'avoir été interrompu, la regardait sévèrement, prêt à se fâcher. Il n'aimait pas les allures pétulantes des jeunes filles, qui le troublaient dans le calme épais de ses pensées.

— Bon Dieu ! dit-il, vous entrez comme un coup de vent. Vous n'êtes plus en pension ici. Tâchez donc d'être raisonnable.

Jeanne, blessée de la colère maladroite du bonhomme, était devenue sérieuse, et un sourire de dédain relevait ses lèvres roses. On sentait en elle une révolte contenue ; ses regards clairs avaient certainement pénétré toute la sottise de son oncle, et ses yeux riaient malicieusement en se promenant devant elle, pour protefter contre la gravité qu'on lui imposait en ce lieu.

— D'autant plus, ajouta pesamment M. Tellier, que j'ai du monde en ce moment.

Jeanne se tourna, cherchant le monde, et elle aperçut Daniel dans son coin. Elle le regarda avec curiosité pendant quelques secondes, puis elle fit une petite moue de déplaisir. Elle n'avait encore aimé que les images de sainteté du couvent, et le garçon maigre, aux traits heurtés et bizarres, qui se tenait là gauchement, ne lui rappelait en rien les saints de son paroissien, aux profils purs et aux barbes soyeuses.

Daniel avait baissé la tête sous son regard. Il sentait que la rougeur lui montait aux joues, il souffrait cruellement. Jamais il n'aurait pensé que cette rencontre, souhaitée ardemment pendant de longues années, serait si pénible pour lui. Il se rappelait nettement les émotions qui l'agitaient en venant rue d'Amſterdam; il se voyait dans la rue, délirant d'enthousiasme, rêvant de prendre Jeanne dans ses bras et de l'emporter. Et il était là, frissonnant devant la jeune fille, ne trouvant pas un mot, pas un regard.

Une force étrange le poussait vers Jeanne. Après les timidités du premier inſtant, il éprouvait des envies folles de tomber à genoux et de joindre les mains. Ce n'était pas la présence de M. Tellier qui le retenait, car il avait parfaitement oublié où il se trouvait; mais le sentiment écrasant de la réalité le clouait au sol.

Il voyait bien que Jeanne ne le reconnaissait pas. Il avait surpris le sourire discret de la jeune fille, et une honte immense emplissait son cœur d'amertume : elle ne l'aimait pas, elle ne l'aimerait jamais. Et il entendait par là qu'il ne serait jamais son père et qu'elle ne serait jamais sa fille.

Pendant qu'il pensait ces choses, Jeanne, un peu sotte, fit quelques pas; puis elle reprit la cage et se retira lestement, sans répondre un seul mot à son oncle.

Quand elle fut sortie :

— Mon jeune ami, dit M. Tellier, j'en étais resté à la question théorique de l'association. Mettez deux ouvriers ensemble...

Et il parla pendant une grande heure. Daniel approuvait de la tête, sans écouter. Il regardait furtivement la porte par laquelle Jeanne était sortie, et sa rêverie s'égarait, inquiète et amère.

VIII

Le lendemain, Daniel était installé chez M. Tellier. Il occupait au quatrième étage une chambre assez vaste, dont la fenêtre s'ouvrait dans un angle du corps de logis donnant sur la cour.

Il devait travailler le matin, de huit heures à midi, dans le cabinet. Le travail se bornait à écrire quelques lettres et à écouter les harangues interminables du député, qui semblait vouloir expérimenter ses discours sur son secrétaire. Puis, l'après-midi, il s'occupait à mettre en ordre l'ouvrage dans lequel M. Tellier s'était noyé. La soirée lui appartenait.

Il avait témoigné le désir de manger dans

sa chambre, et, les premiers jours, les gens de l'hôtel ne s'aperçurent même pas de sa présence. Il se rendait de sa chambre au cabinet de travail, à pas légers, sans s'arrêter. Puis il s'enfermait chez lui, et on ne le voyait plus, on ne l'entendait plus.

Il sortit une fois pour aller serrer la main de Georges. Son ami le trouva fatigué et soucieux. Il ne parla pas de son exiftence présente, il causa du passé avec fièvre. Georges comprit qu'il se réfugiait dans les souvenirs. Il lui offrit en hésitant de venir loger avec lui et de reprendre l'œuvre commune. Mais Daniel refusa presque avec colère.

Pendant ces triftes premiers jours, il n'eut qu'une pensée : connaître le cœur de Jeanne, savoir ce qu'on avait fait de sa chère petite fille. On la lui rendait tout autre qu'il l'avait laissée, et il se demandait quelle était cette grande demoiselle inconnue dont les lèvres souriaient si dédaigneusement.

Il établit une sorte d'enquête secrète. Il se tint aux aguets, épiant les actions de Jeanne, commentant ses moindres geftes et ses moindres paroles. Il s'irritait de ne pouvoir vivre davantage dans son intimité. A peine la voyait-il traverser une pièce, à peine l'entendait-il rire et prononcer quelques mots rapides. Et il n'osait pénétrer dans sa vie. Elle lui paraissait inabordable, entourée d'une lueur aveuglante ; lorsqu'elle était devant lui, dans l'éclat de sa jeunesse et de sa beauté, il se sentait écrasé comme par la présence d'une divinité suprême.

Chaque soir, vers les quatre heures, lorsqu'il faisait beau, il se mettait à sa fenêtre. En bas, dans la cour, une voiture attendait madame Tellier et Jeanne, pour les conduire au bois. Les deux femmes descendaient lentement le perron, traînant leurs longues jupes. Et Daniel ne voyait que la jeune fille.

Il étudiait ses moindres mouvements. Elle lui semblait pleine de mépris et de souplesse câline. Elle se laissait aller sur les coussins de la voiture avec un abandon qui lui déplaisait. Puis, ses toilettes le choquaient : il comprenait vaguement que c'étaient tous ces rubans et toutes ces dentelles qui l'intimidaient et le tenaient à diftance.

La voiture partait, Jeanne s'abandonnait

aux balancements légers des essieux, et Daniel restait seul, en face de la cour vide. Ce grand trou qui se creusait sous lui lui paraissait alors noir et désolé. Il regardait tristement les murs blafards, et il songeait avec amertume aux beaux rêves qu'il avait faits jadis en regardant les grands ormes de l'impasse Saint-Dominique-d'Enfer.

Il en vint à se dire que Jeanne était une mauvaise nature et que la pauvre morte avait eu raison de trembler. Il se disait cela par dépit, par colère de ne pouvoir comprendre ce qu'il voyait autour de lui.

La transition était trop brusque pour Daniel. Il avait vécu dans une austérité monacale, comme un bénédictin au fond de sa cellule; il ne connaissait de la vie que les rudesses et les misères. Ce grand savant naïf éprouvait une sainte crainte pour le luxe, et ne savait pas un mot du cœur complexe des femmes.

Et, tout à coup, il se trouvait mis face à face avec la vie riche et oisive, il se donnait pour tâche de déchiffrer l'âme obscure d'une jeune fille. Si Jeanne était venue lui tendre amicalement la main, comme Georges lui avait jadis tendu la sienne, il aurait trouvé cette action toute simple, car il n'avait point conscience des mœurs du monde. Il n'allait pas au delà de ces chiffons de soie qui l'effrayaient, et il prétendait que le cœur était gâté.

Ce n'eſt pas une mince tâche que de juger le cœur d'une jeune fille, lorsque ce cœur s'ignore encore lui-même. Daniel n'était qu'un sot pour une pareille besogne. Sa nature franche et droite procédait trop rudement dans cette analyse délicate. Il s'aveuglait par hâte d'aimer et d'être aimé.

Maintenue au couvent jusqu'à l'âge de dix-huit ans, Jeanne y avait conservé toute la puérilité de la première enfance. Son cœur et son intelligence s'étaient oubliés dans les bavardages vides de ses petites amies, et elle voyait de loin la vie comme une féerie éblouissante, comme une sphère de splendeur dans laquelle elle n'entrerait jamais. Ses journées avaient été remplies par les mille niaiseries de l'éducation que nous donnons à nos filles. Elle était ainsi devenue une enfant nerveuse, une sorte de poupée que l'on dressait à l'élégance et à la sensiblerie.

La pensée de sa mère était vague en elle. On ne lui en parlait jamais, et elle n'y songeait guère que lorsqu'elle voyait les mères des autres enfants venir au parloir. Elle sentait bien qu'il manquait quelque chose à son cœur, mais elle n'aurait pu dire quoi.

En grandissant, elle s'habitua à la solitude dans laquelle elle se trouvait. Son cœur s'était comme fermé. Elle devint indifférente, presque méchante. L'esprit lui venait, un esprit moqueur et agressif, et elle se fit une réputation de raillerie fine et terrible. Toutes les tendresses de sa nature aimante dormaient au fond de son être; l'éducation et les circonstances avaient étouffé en elle les affections natives, et développé les amertumes inconscientes de l'abandon dans lequel elle vivait. Il eut suffi, peut-être, d'un baiser pour éveiller son âme, et faire de cette poupée railleuse une femme tendre et dévouée. Mais sa mère n'était pas là pour lui donner ce baiser.

Puis elle sortit du couvent et elle entra à l'école déplorable de madame Tellier. Il y avait alors deux êtres bien distincts en elle : la jeune fille froide et railleuse dont j'ai parlé, l'enfant dédaigneuse et révoltée, et la bonne et belle âme qui s'ignorait elle-même, et qui parfois se révélait dans un regard doux et affectueux.

Elle se jeta avec passion dans le luxe. Elle y contenta toute la fièvre de jeunesse dont elle ne savait que faire. Ce fut un emportement, un assouvissement. A certaines heures, elle sentait le vide de la vie qu'elle menait avec sa tante; mais elle se raillait alors elle-même, se prouvait que rien ne lui manquait, et s'accusait de souhaiter des choses qui n'existaient pas. L'affection n'avait, en effet, jamais existé pour elle.

Alors elle s'abandonnait. Elle tâchait de satisfaire son être par la vanité seule; elle tirait tout le bonheur possible du froissement des belles étoffes, de l'admiration de la foule, des commodités luxueuses de la richesse. Et elle croyait vivre.

L'aveugle Daniel ne pouvait pénétrer dans cette machine compliquée. Il voyait bien les regards vifs et fiers, mais il n'apercevait pas tout au fond des yeux une lueur douce et tendre. Il entendait bien les paroles brèves et rieuses, mais il ne reconnaissait pas des pleurs cachés dans les éclats de joie.

Il jugeait pesamment, comme un digne savant. Il décida que Jeanne était une méchante nature, il souffrit horriblement de la découverte qu'il crut avoir faite. Sa tâche devenait plus rude, et ce n'eſt pas là ce qui le désespérait; il aurait voulu s'agenouiller avec foi devant la fille, comme il s'était agenouillé devant la mère.

Il résolut de ne point se faire connaître. Il devait jouer le rôle d'un ange gardien invisible et non celui d'un banal protecteur. D'ailleurs il comprit que le caractère altier de Jeanne secouerait le joug, si léger qu'il fût. Puis, à vrai dire, s'il lui avait fallu confesser à la jeune fille qui il était et de quelle mission madame de Rionne l'avait chargé, jamais il n'aurait trouvé l'audace ni les mots nécessaires. Un pareil aveu lui semblait dangereux et impossible.

Ce qui l'étonnait profondément, c'était de sentir son dévouement et sa tendresse croître pour Jeanne, depuis qu'il la déclarait mauvaise. Il avait pour elle des colères mêlées d'adorations. Quand il la voyait moqueuse et égoïſte, mettant ses joies dans une robe ou un bijou, il courait s'enfermer dans sa chambre ; puis là il la retrouvait telle qu'il venait de la quitter, grande et rieuse, si belle qu'elle en devenait bonne. Il se jurait alors d'éveiller son cœur, pour pouvoir l'admirer et l'adorer à son aise.

Il ne s'expliquait pas nettement la position faite à la jeune fille chez sa tante. Il se rappelait que la pauvre morte lui avait parlé d'une ruine prochaine, et, depuis douze ans, M. de Rionne devait avoir consommé largement cette ruine. Il alla aux informations, discrètement, et apprit qu'en effet le viveur en était à ses derniers louis. Quant à Jeanne, elle ne devait avoir aucune fortune. Daniel s'étonna de la large hospitalité offerte par madame Tellier à sa nièce.

Madame Tellier avait compris, dès le premier jour, qu'elle ne pourrait plus se débarrasser de la fille de son frère, et c'eſt pour cela qu'elle la laissa le plus longtemps possible au couvent. Puis, comme elle approchait de la quarantaine, des tristesses soudaines l'avaient prise, à la suite de chagrins secrets. Elle se souvint de Jeanne, elle l'appela près d'elle; elle résolut de la lancer et de la marier.

D'ailleurs les dépenses qu'elle faisait pour la jeune fille entraient dans ses menus plaisirs. Elle mettait une sorte d'orgueil à la traîner partout, à l'habiller de satin et de dentelles. On retrouvait toujours en elle la femme positive qui payait ses joies mathématiquement, et qui voulait prendre pour elle tout le plaisir. Elle se parait elle-même en parant Jeanne; elle contentait uniquement son amour du luxe et sa vanité en ayant à son côté une jeune fille toute riche et toute belle. Puisqu'elle ne pouvait la congédier et qu'elle devait être là, dans son salon, elle n'aurait pas souffert qu'elle y entrât sans être merveilleusement mise.

Il y avait peut-être encore un autre sentiment au fond de son cœur. Elle n'était sans doute pas fâchée de passionner les dernières années de sa beauté. C'était une sorte de lutte qu'elle engageait avec cette enfant; des voluptés profondes la prenaient, quand ses invités négligeaient Jeanne pour venir l'entourer elle-même. Elle se donnait la joie mauvaise de dire à tout le monde que sa nièce n'avait pas de dot, et elle riait lorsque les prétendants s'enfuyaient.

Peut-être même calculait-elle l'effet désastreux que produisaient sur les épouseurs les riches toilettes de Jeanne, quand ils apprenaient que cette belle demoiselle n'avait pas un sou. Sa nièce devenait pour eux une fleur rare, mais inutile, d'un entretien trop coûteux. Elle la mettait ainsi loin de toutes les mains, se plaisant dans cette comédie cruelle, dont le dénoûment devait être le malheur de la jeune fille.

D'ailleurs, elle s'attendait à trouver une petite niaise, et le caractère aigri, froid et mordant de Jeanne l'avait agréablement surprise. Elle était devenue l'amie de cette moqueuse qui la divertissait; elle l'excitait, la poussait à l'égoïsme et à la méchanceté, sans songer à mal. N'ayant pas elle-même cette bonté qui aurait éveillé la bonté de ce cœur fermé, elle croyait rendre à Jeanne un véritable service en l'étalant à tous les regards et en lui faisant connaître le monde.

Toutes deux vivaient de la même vie : la tante avec un calme parfait, la nièce avec des inquiétudes sourdes. Elles étaient acceptées dans Paris, l'une comme la reine de la mode, l'autre comme une infante qui devait être reine tôt ou tard.

Daniel, de sa chambre, lorsqu'il les voyait monter dans la même voiture, avait des colères soudaines. Il se rappelait les paroles de la mourante, qui prévoyait les mauvaises leçons que donnerait à sa fille la sœur de son mari, et il se demandait comment il pourrait réagir contre ces leçons.

Un matin, M. Tellier, qui se prenait d'amitié pour son secrétaire, l'invita à une soirée qu'il devait donner le soir. La première pensée de Daniel fut de refuser avec effroi ; l'idée de se trouver dans un salon, en plein dans la lumière éclatante des bougies, au milieu d'une foule élégante et légère, lui était insupportable et lui donnait de véritables frissons de peur.

Puis il entendit une voix, — la voix éteinte

de sa bonne sainte, — qui disait lentement au fond de lui : « Vous irez partout où elle ira. Vous la protégerez contre le monde ; le monde eſt terrible pour les jeunes filles, il les conduit à la sécheresse de cœur et à l'indifférence morale. »

Et il accepta en tremblant l'invitation de M. Tellier.

Le soir, il passa plus de deux heures dans sa chambre devant une glace. Le pauvre garçon n'avait guère de coquetterie pour son propre compte, mais il craignait d'être ridicule devant Jeanne. Il réussit à s'habiller le plus simplement possible, de façon à passer inaperçu.

Puis il descendit et se glissa furtivement dans le salon.

Daniel, en entrant, éprouva cette sensation d'étouffement et d'aveuglement que ressent un nageur, lorsqu'il plonge la tête sous l'eau : les lumières tournèrent devant ses yeux, le bruit des voix bourdonna à ses oreilles, et il perdit respiration. Il se tint un inſtant immobile, oppressé, luttant contre le malaise qui l'envahissait.

Personne n'avait remarqué son entrée. Peu à peu, le poids qui l'écrasait diminua; il respira librement.

Il diſtinguait avec netteté la scène qu'il avait devant lui. Le grand salon, blanc et or, resplendissait aux clartés crues des bougies; les bronzes dorés jetaient des lueurs rapides et aveuglantes, et les murs avaient des reflets mats et durs qui faisaient cligner les yeux.

Un air tiède et fade se traînait dans la pièce, apportant les odeurs des bouquets mêlées aux parfums des toilettes.

Daniel remarqua que les femmes se tenaient assises dans le fond, tandis que les hommes, faisant bande à part, causaient entre eux près des fenêtres et de la porte. Tout ce petit monde se trouvait ainsi disséminé par groupes de quelques personnes, les habits noirs debout et les jupes de soie étalées dans les fauteuils.

On n'entendait qu'un murmure adouci, dans lequel éclataient, par moments, de petits rires aussitôt réprimés.

Une sorte de respeƈt inſtinƈtif s'était emparé de Daniel. Il regardait ces hommes graves, ces jeunes gens élégants, et il était prêt à les admirer de bonne foi. Jamais il n'avait été à pareille fête. Il y avait surprise ; il se disait qu'il se trouvait subitement transporté dans une sphère de lumière où tout devait être bon et beau. Ces rangées de fauteuils où les dames, avec des sourires, montraient leur cou et leurs bras nus chargés de bijoux le jetaient surtout dans un ravissement plein de charme. Puis, au milieu, il apercevait Jeanne, fière et victorieuse, entourée d'adorateurs, et c'était là, pour lui, le sanctuaire du temple, l'endroit sacré d'où partaient tous les rayons de cette splendeur.

Il voulut jouir de la conversation de ces êtres supérieurs, et il s'approcha discrètement d'un groupe dans lequel M. Tellier paraissait discuter une grave queftion.

Voici ce qu'il entendit :

— Je suis un peu enrhumé depuis hier, disait solennellement le député.

— Il faut soigner cela, répondit un vieux monsieur d'un ton exquis.

— Bah ! ça s'en ira comme c'eft venu...

Daniel n'en écouta pas davantage, et il regretta d'avoir oublié que M. Tellier était un sot, ce qu'il savait depuis quinze jours.

Il fit quelques pas, et il se trouva derrière un groupe formé par une jeune femme et par un jeune homme. La jeune femme, languissamment assise, avait sur les lèvres un sourire divin et penchait à demi son front rêveur ; elle paraissait écouter la musique des anges et vivre loin de la terre, dans un monde idéal. Le jeune homme, appuyé légèrement sur le fauteuil, minaudait avec coquetterie et ressemblait à un chérubin qui porterait un habit noir.

Daniel crut surprendre une de ces causeries d'amour comme on en trouve chez les poëtes.

— Quel vilain temps il a fait aujourd'hui ! murmurait le jeune homme.

— Oh ! ne m'en parlez pas, répondait la jeune femme avec émotion, la pluie me donne la migraine, et je dois être laide, ce soir.

— Vous êtes adorablement jolie...

— Avez-vous remarqué que, quand il pleut, la frisure des cheveux ne tient pas ?

— Certes.

— J'ai été obligée de me faire coiffer trois fois, et, voyez, mes cheveux tiennent à peine.

— Moi, dans ces cas-là, je me sers de gomme mise en poudre.

— Vraiment!... je vous remercie de cette recette...

Et ces paroles étaient prononcées doucement, avec une grâce et une élégance charmantes.

Daniel crut avoir affaire à un coiffeur, et il s'éloigna bien vite pour ne pas troubler ces tendres confidences. Il s'approcha alors de deux grands garçons qui causaient à l'écart. Il pensait que ceux-là, n'ayant pas de femme à amuser, devaient parler comme des hommes et non comme des demoiselles de magasin.

En effet, ils parlaient comme des cochers. Daniel ne comprit pas entièrement leur langage; l'argot des salons était une nouvelle langue pour lui, et il les prit d'abord pour des étrangers. Puis il reconnut certains mots français; il devina qu'ils parlaient de femmes et de chevaux, sans bien savoir quelles phrases s'appliquaient aux chevaux et quelles phrases s'adressaient aux femmes; ils les traitaient avec la même tendresse et la même grossièreté.

Alors Daniel jeta un regard clair dans le salon. Il commençait à comprendre qu'il venait d'être dupe d'un décor, comme cela lui était arrivé au théâtre. Les platitudes, les niaiseries qu'on disait autour de lui lui arrivaient nettes et brutales, pareilles à ces lambeaux de dialogue bête qui se traînent misérablement dans les féeries, au milieu des splendeurs de la mise en scène.

Il se dit qu'il n'y avait là que des jeux de lumière sur des bijoux et sur des étoffes moirées. Ces têtes, les jeunes et les vieilles, étaient creuses, ou se faisaient creuses par politesse et par savoir-vivre. Tous ces hommes étaient des pantins, des comédiens habiles, chez lesquels on ne pouvait diftinguer ni le cœur ni l'intelligence; toutes ces femmes étaient des poupées montrant leurs bras et leurs épaules, posées dans des fauteuils comme on pose des figurines de porcelaine sur une étagère.

Et il vint à Daniel un orgueil immense. Il

fut fier, en ce moment, de sa gaucherie et de ses ignorances mondaines. Il n'eut plus peur d'être vu ; il releva la tête et marcha largement au milieu du salon. Dans sa rudesse et sa naïveté, il s'eſtimait si supérieur à ces gens-là, que leurs étonnements et leurs sourires lui importaient peu. Il avait comme un réveil de fierté, et il reprenait avec tranquillité la place qui lui était due, en pleine lumière.

Il n'avait pas encore osé s'approcher du groupe au milieu duquel Jeanne trônait en souveraine. Il marcha droit à ce groupe et se tint derrière les autres, attendant de pouvoir passer au premier rang.

Jeanne semblait diſtraite, elle écoutait à peine les adorateurs qui se pressaient autour d'elle. Elle connaissait par cœur toutes leurs phrases, et ce jeu puéril la fatiguait ce soir-là. Elle brisait avec impatience la tige d'une rose ; ses épaules nues avaient d'imperceptibles mouvements de dédain. Daniel se mit à rougir en voyant sa chère fille ainsi décolletée, et il se sentit au cœur une sorte de chaleur inconnue qui glissa doucement dans chacune de ses veines.

Il trouvait la jeune fille délicieusement belle. Jamais il ne l'avait aussi bien vue. Elle ressemblait beaucoup à sa mère, et il se rappelait la tête pâle et maigrie de madame de Rionne, posée sur l'oreiller. Ici, les joues étaient roses et douces; les yeux avaient les flammes vives de la vie, et les souffles légers de la bouche ouvraient délicatement les lèvres.

Il y avait devant Jeanne un jeune homme qui se penchait parfois vers elle et qui la cachait alors à demi. Daniel s'irritait contre ce garçon, dont il ne pouvait voir le visage. Il sentait la haine monter dans son cœur. Pourquoi cet inconnu s'approchait-il ainsi de la jeune fille? Que lui voulait-il, et de quel droit se mettait-il entre elle et lui?

Le jeune homme se tourna, et Daniel reconnut Lorin, qui, l'ayant aperçu, s'avança la main tendue, le sourire aux lèvres.

Lorin, paraît-il, était un ami de la maison. Lorsqu'il travaillait à sa fortune, il avait confié à M. Tellier une somme assez ronde, et l'induſtriel la lui avait fait fructifier à souhait. De là leur amitié. Les méchantes langues ajoutaient que le jeune homme avait d'autres titres dans le logis, et qu'il y était venu pendant longtemps pour causer d'affaires avec le mari et pour parler d'amour avec la femme. En tous cas, depuis l'arrivée de Jeanne, Lorin délaissait singulièrement madame Tellier.

Il prit le bras de Daniel et traversa ainsi le salon en lui parlant à demi-voix.

— Eh quoi! lui dit-il, vous ici? que je suis heureux de vous voir!

— Je vous remercie, répondit assez sèchement Daniel, contrarié de cette rencontre.

— Comment va Raymond?

— Fort bien.

— Ainsi vous avez consenti à quitter votre cellule et à vous égarer dans les paradis de ce monde?

— Oh! je me retrouverai, je connais mon chemin.

— Vous venez peut-être pour la fillette que vous admiriez là-bas avec des yeux si gourmands?

— Moi! s'écria Daniel d'une voix étrange.

Et il regarda Lorin en face, tremblant

d'avoir laissé cet homme pénétrer dans son cœur.

— Eh! qu'y aurait-il là d'étonnant? reprit simplement celui-ci. Nous l'aimons tous. Elle a des yeux magnifiques et des lèvres rouges qui promettent mille charmantes choses. Puis elle a l'esprit drôle; on ne s'ennuierait pas avec elle.

Ce singulier éloge de Jeanne, dans une pareille bouche, irritait profondément Daniel. Il retenait sa colère et tâchait de jouer l'indifférence.

— Mais pas un sou, mon cher, continua Lorin, pas le moindre sou! Madame Tellier, qui a de la bonté pour moi, a eu la délicatesse de me prévenir. La fillette eſt belle comme un ange, mais elle eſt un de ces anges qui ne se parent pas seulement de leurs ailes, et qui font une effroyable consommation de velours et de satin. Elle ferait une charmante femme, mais elle coûterait diablement cher.

Il garda le silence, paraissant réfléchir. Puis, brusquement :

— Raimbault, dit-il, eſt-ce que vous épouseriez une femme qui n'aurait pas le sou?

— Mais, je ne sais pas, répondit Daniel, surpris par cette queſtion soudaine; je n'ai jamais songé à cela. J'épouserais, je crois, la femme que j'aimerais.

— Vous auriez peut-être raison, reprit lentement Lorin. Pour moi, je considérerais cela comme une folie...

Il s'arrêta, hésitant.

— Bah! s'écria-t-il enfin, on fait des folies tous les jours.

Et il parla d'autre chose. Il fit sonner sa fortune, il caressa lui-même sa vanité. Puis il aperçut madame Tellier, qui entrait à peine et autour de laquelle un cercle se formait rapidement.

— Voulez-vous que je vous présente à la reine de ces lieux? demanda-t-il à Daniel.

— C'eſt inutile, répondit celui-ci, elle me connaît.

— Mais je ne vous ai jamais vu ici.

— J'y descends pour la première fois. J'habite la maison. Je suis secrétaire de M. Tellier depuis quinze jours.

Ces trois phrases sèches et brèves firent un effet terrible sur Lorin.

— Vous ! s'écria-t-il.

Et ce « vous », dans sa bouche, signifiait clairement : « Pourquoi diable ne m'avez-vous pas prévenu plus tôt ? Je ne me serais pas promené si longtemps en votre compagnie. »

Il quitta tout doucement le bras de Daniel, et il alla se joindre au groupe qui entourait madame Tellier. Du moment que son ancien camarade était un simple employé, il devenait compromettant.

Daniel eut un sourire de mépris, et il regretta de ne pas avoir parlé plus tôt, afin de se débarrasser tout de suite du personnage. Il s'approcha à son tour de madame Tellier, se tenant à quelques pas.

La dame était d'une jeunesse puérile, et elle exagérait l'air enfantin de son visage, où se montraient quelques petites rides déliées. Par instants, elle jetait un coup d'œil sournois du côté de Jeanne, et elle triomphait à voir qu'elle était encore la plus entourée et la plus courtisée. Cette enfant jouait sûrement pour elle le rôle d'un simple objet de comparaison, qui la rassurait contre la vieillesse qu'elle sentait monter à sa face.

Lorin était là, empressé, galant. Il avait trop de finesse hypocrite pout tourner brusquement le dos à une puissance. Il aimait et il admirait la nièce, mais il se disait qu'il pourrait avoir besoin de la tante.

Madame Tellier, toute vaine qu'elle fût, ne se méprenait d'ailleurs aucunement sur la pensée intime du jeune homme. Au bout d'un inftant, elle lui dit d'un ton de méchanceté moqueuse :

— Monsieur Lorin, allez donc diftraire un peu ma nièce, qui s'ennuie là-bas toute seule.

Et elle se repentit tout de suite de cette raillerie. Lorin, irrité d'avoir été compris, s'inclina légèrement et alla retrouver Jeanne. Il fut suivi par quelques jeunes gens, qui se hâtèrent de prendre à la lettre les paroles de madame Tellier. Un cercle se reforma autour de la jeune fille. Daniel avait réussi à se glisser au premier rang.

Jeanne n'était plus diftraite ni indifférente. Elle avait l'œil vif et la lèvre railleuse. Elle se trouvait en pleine lutte mondaine, se moquant d'une voix douce. Elle parlait avec une fièvre sèche et nerveuse, animant la causerie vide et banale de toute l'aigreur de son esprit inquiet. Son cœur n'était pas de la partie.

Daniel l'écoutait douloureusement. Il se disait qu'elle n'avait point la sottise des autres, mais qu'elle avait leur sécheresse d'âme et leur indifférence du bien. Et il songeait aux paroles de la mourante; il commençait à comprendre qu'on étouffait dans ce salon, et que le cœur y devait cesser de battre.

Jeanne raillait en enfant terrible. Elle avait pris Lorin à partie et le taquinait, comme une pensionnaire.

— Ainsi, vous êtes bien sûr que je suis adorable? dit-elle avec un mauvais sourire.

— Adorable, répéta emphatiquement Lorin.

— Eſt-ce que vous oseriez confesser cela devant ma tante?

— Mais c'eſt elle qui m'envoie vous le dire.

— Je la remercie de sa charité... Mais je suis bonne, et je vous avertis que vous courez un grand danger.

— Quel danger, je vous prie?

— Celui de penser sérieusement ce que vous venez de me dire par galanterie... Vous savez que je vais faire poser des garde-fou autour de moi.

— Des garde-fou; pourquoi faire? demanda Lorin, que cette vivacité de pensée jetait dans une sorte d'anxiété.

Jeanne se mit à rire en haussant les épaules.

— Vous ne devinez pas? reprit-elle. Pour éviter que les aveugles ne se précipitent dans le gouffre noir de la fille sans dot.

— Je ne comprends pas, balbutia Lorin.

La jeune fille le regarda en face, lui faisant baisser les yeux.

— Tant mieux, ajouta-t-elle. Alors c'eft que vous m'avez menti : vous ne me trouvez pas adorable.

Et elle parla d'autre chose.

— Savez-vous le terrible événement d'hier, aux courses de la Marche? demanda tout à coup Lorin.

— Non, répondit Jeanne; qu'eft-il arrivé?

— Un jockey s'eft cassé les reins en franchissant le troisième obftacle. Le malheureux poussait des hurlements de douleur, et le pis eſt que le cheval qui suivait le sien, lui a broyé une jambe.

— J'étais là, ajouta un jeune homme avec un sourire. Jamais je n'ai vu un spectacle si atroce.

Un petit frisson avait contracté la face sereine de Jeanne. Il y eut comme une légère lutte en elle; puis, avec tranquillité :

— C'eſt un maladroit, dit-elle. On ne doit jamais tomber de cheval.

Daniel avait jusque-là écouté en silence. Les dernières paroles de la jeune fille lui firent monter la rougeur au front. Il fut navré.

— Pardon, dit-il, ces messieurs ne connaissent pas l'hiſtoire entière.

Tout le groupe se tourna vers cet intrus, qui parlait d'une voix émue.

— Ce matin, continua-t-il, j'ai lu le fait dans un journal. Le maladroit qui a commis la sottise de se tuer a été rapporté tout sanglant chez sa mère. Cette femme, une pauvre vieille de soixante et quelques années, eſt devenue folle de désespoir. A cette heure, le cadavre du fils n'eſt pas encore enterré, et il y a dans un cabanon de la Salpétrière une mère qui hurle et qui se lamente.

Lorin trouva de très-mauvais goût la sortie de son ancien camarade; et il pensa que ce sauvage était décidément incorrigible.

Tandis que Daniel parlait, Jeanne le considérait, et chacune de ses paroles éveillait en elle une émotion inconnue. Quand il eut fini :

— Je vous remercie, monsieur, lui dit-elle simplement.

Et deux larmes glissèrent lentement le long de ses joues, qui étaient toutes pâles.

Daniel regarda couler ces larmes avec une joie profonde.

IX

Depuis la soirée où il l'avait fait pleurer, Daniel exifta pour Jeanne. Elle sentait vaguement qu'il y avait en lui un être différent de ceux qui l'entouraient. A vrai dire, il la repoussait plus qu'il ne l'attirait. Ce jeune homme grave et trifte, d'une laideur étrange, l'effrayait presque. Mais elle savait qu'il était là, dans la maison, et qu'il la suivait partout avec de longs regards affectueux.

Quand elle sortait en voiture, elle levait la tête, bien qu'elle se fût promis de ne la lever jamais, et elle le voyait à la fenêtre, la regardant sévèrement. Cela lui gâtait toute sa promenade. Elle se demandait ce qu'il pouvait bien lui vouloir, et elle en était arrivée à s'interroger, craignant d'avoir commis quelque grosse faute.

Daniel, de son côté, comprenait que la lutte était engagée, et il jouait son rôle muet de précepteur tant bien que mal, avec des envies irrésistibles de se mettre à genoux devant la jeune fille et de lui demander pardon de tant de sévérité. Il devinait qu'il lui déplaisait, il craignait de la fâcher complétement contre lui. Lorsqu'il la voyait si belle et si rayonnante, il se sentait pris d'une tendresse infinie, il se faisait un crime de la troubler dans sa joie.

Mais son devoir parlait en lui d'une voix inexorable. Il avait juré de veiller sur le bonheur de Jeanne, et cette sorte de fièvre mondaine qui secouait la jeune fille ne pouvait être qu'une volupté amère, qui la laisserait ensuite repentante et découragée. Il voulait la tirer de ces plaisirs vides, lui ouvrir les horizons larges et calmes du cœur, et il était obligé de la blesser à chaque heure dans ses gaietés et dans son orgueil.

Il devint une sorte d'épouvantail pour Jeanne et pour madame Tellier. Il s'habillait entièrement de noir depuis quelque temps, et il se tenait toujours là, mélancolique, presque siniſtre, se dressant entre ces femmes et la vie légère qu'elles menaient. Il s'arrangeait pour les suivre en tous lieux, pour proteſter par sa présence contre la banalité et l'égoïsme de leur exiſtence.

Rien n'était plus étrange que de voir ce singulier garçon se promener dans le Paris élégant. On l'avait surnommé le Chevalier noir, et il ne tint qu'à lui d'avoir des bonnes fortunes. Mais il se montrait si modeſte et si solennel, qu'on le laissa tranquille dans sa solitude.

Un jour, Jeanne devait quêter dans une église. Daniel alla emprunter à Georges une somme assez forte, puis il vint se placer sur le passage de la quêteuſe.

La jeune fille s'avançait, toute à la grâce de son sourire, songeant beaucoup plus à l'élégance de ses allures qu'à la misère des pauvres. Elle était là comme dans un salon, demi-railleuse et demi-souriante.

Quand elle fut devant Daniel :

— Pour les pauvres, s'il vous plaît, dit-elle sans le regarder.

Le chiffre élevé de l'offrande lui fit dresser vivement la tête, et lorsqu'elle eut reconnu le jeune homme, elle se mit à rougir sans savoir pourquoi. Elle continua la quête, mais il y avait des larmes dans ses yeux, et c'eſt avec émotion qu'elle implorait la charité des assiſtants.

Une autre fois, elle assiſtait dans un théâtre à la représentation d'une pièce un peu salée, et elle riait sans toujours comprendre les grosses plaisanteries des acteurs. Comme elle se tournait, elle aperçut Daniel qui paraissait la regarder avec reproche et triſtesse. Ce regard lui alla au cœur; elle se dit qu'elle faisait mal sans doute, puisque le Chevalier noir était mécontent. Elle n'eut plus un seul éclat de rire, et pendant l'entr'acte, elle alla se cacher dans le fond de la loge.

Mais le fait qui la frappa le plus, fut l'intervention de Daniel dans une triſte scène qu'elles occasionnèrent, elle et sa tante. Madame Tellier, autrefois, avait été insultée, et la déplorable aventure se renouvela. Deux jeunes gens, égayés sans doute par un excellent déjeuner, crurent avoir affaire à des lorettes; ces dames, richement mises et mollement étendues, leur parurent d'une conquête facile. L'un d'eux affirma même qu'il les connaissait.

— Hé! Pomponnette! cria-t-il en s'adressant à Jeanne, fais-nous donc un peu de place dans ta voiture!

Et comme la jeune fille le regardait effarouchée et interdite :

— Vas-tu pas faire la fière? ajouta-t-il.

Il courait pour arrêter la voiture, lorsqu'il se sentit saisir brusquement par le bras. Daniel, qui était venu là pour assister à la promenade de sa chère fille, tenait son poignet étroitement serré dans ses doigts.

— Monsieur, dit-il, vous vous trompez; faites vite des excuses à ces dames.

Il les lui nomma et l'amena devant la portière. Le jeune homme balbutia, et pour toute excuse :

— Pardon, dit-il; mais les femmes honnêtes se mettent d'une si étrange façon que je les prends toujours pour des femmes qui ne sont pas honnêtes.

Daniel le laissa aller, et il monta dans la

voiture. Le cocher reçut l'ordre de retourner rue d'Amſterdam ; il riait, en faisant claquer son fouet, de l'excellente hiſtoire qui venait d'arriver à sa maîtresse.

Comme la voiture traversait la place de la Concorde, Daniel aperçut une reine du demi-monde qui passait à grand tapage. Il la montra à Jeanne, et lui dit simplement :

— Mademoiselle, voici Pomponnette.

La jeune fille regarda la créature pour laquelle elle venait d'être prise, et elle rougit en voyant qu'elles étaient sœurs de toilettes et d'attitudes. Même élégance excentrique, même luxe insouciant. Elle avait grande envie de pleurer ; dès qu'elle fut rentrée, elle monta dans sa chambre pour sangloter à l'aise, et soulager ainsi la colère mauvaise qu'elle éprouvait contre Daniel.

Madame Tellier déteſtait franchement le secrétaire de son mari. Dans cette dernière aventure, elle n'avait pu que baisser la tête, mais elle était singulièrement irritée des allures graves de ce garçon, qui faisait, disait-elle, une grande tache noire dans sa maison.

A plusieurs reprises, elle avait tenté de le faire congédier. Mais le député tenait à Daniel, qui se rendait indispensable. Il lui était permis d'être encore plus sot, depuis qu'il payait une jeune intelligence pour avoir de l'esprit, et il se sentait si à l'aise dans sa sottise, qu'il n'avait garde de se priver de cette science à bon marché. Il accueillit les plaintes de sa femme avec une condescendance pleine de supériorité; il la renvoya à ses chiffons, lui disant qu'il tolérait ses toilettes, et qu'elle devait tolérer son secrétaire. Tant qu'il n'avait été qu'induftriel, il s'était montré doux et obéissant; mais, depuis qu'il était député, il avait pris des attitudes de maître, et il voulait tout diriger autour de lui.

Daniel ne s'apercevait même pas des colères qu'il excitait. Il allait droit à son but en aveugle, en homme fort de son droit et de la générosité de ses intentions. A vrai dire, il était maladroit. Madame de Rionne n'aurait pu trouver un dévouement plus entier, une tendresse plus profonde; mais elle espérait peut-être plus de souplesse, plus d'habileté dans l'accomplissement de la pénible tâche.

Cet homme, qui remplissait avec passion sa mission de tendresse, qui se sacrifiait loyalement, était une figure haute et sereine. Ses ignorances, ses brusqueries généreuses, le relevaient encore. Il se trouvait dépaysé dans le monde où les circonftances le forçaient de vivre; il y représentait la foi jurée, l'abnégation, tous les nobles amours du cœur. La pauvre morte, dans les clairvoyances de la mort, avait jugé Daniel. Tandis que M. de Rionne achevait de se ruiner, sans même se souvenir qu'il avait une fille; tandis que madame Tellier travaillait égoïftement au malheur de Jeanne, Daniel, n'ayant d'autre parenté que celle de la reconnaissance, veillait en père sur cette enfant et regrettait amèrement de n'avoir aucun titre humain à son affection. Il ne pouvait se le dissimuler, il la blessait chaque jour. Jeanne devait se demander de quel droit il la suivait ainsi partout, la regardant de ses yeux sévères. Il n'était pour elle qu'un simple employé, qu'un être misérable gagnant son pain à grand'peine. Elle ne voulait point le faire chasser, par pitié. Et lui, il avait des défaillances dans sa rudesse voulue; il sentait, par inftants, le dédain de Jeanne l'écraser, et son cœur s'anéantissait dans une amertume sans bornes.

S'il avait mieux étudié les regards craintifs et hautains à la fois que la jeune fille jetait sur lui, il aurait éprouvé une joie consolante. Il excitait en elle des émotions indéfinissables; les affeƈtions qui dormaient au fond de cette malheureuse enfant s'agitaient sourdement; elle prenait pour de la haine et de la colère ce qui n'était que la curiosité inquiète de son cœur. Daniel lui causait une anxiété douloureuse, un remords inavoué; lorsqu'il était là, elle ressentait comme une sorte de honte, et c'eft ce qui la fâchait contre lui; elle se révoltait, tout en goûtant une joie étrange à se révolter.

Daniel se répétait chaque matin qu'il avait eu grand tort de ne pas la voler, lorsqu'elle était toute petite. C'était là son éternel désespoir. Il mettait en face de cette écervelée, de cette railleuse, la jeune fille douce et sereine qu'il aurait élevée. On lui avait gâté le cœur de son enfant, et maintenant il ne pouvait refaire son éducation, il assiftait avec angoisse aux légèretés et aux méchancetés de cette pauvre âme perdue dont il avait juré de faire une âme tendre et dévouée.

Un jour, comme il travaillait dans le cabinet de M. Tellier, Jeanne entra pour chercher un livre et prit un malin plaisir à tourner autour de Daniel, qu'elle croyait embarrasser. Elle avait remarqué que le Chevalier noir n'était sévère que dans la foule, et qu'il devenait d'une timidité extrême lorsqu'il se trouvait seul avec elle.

Et cette remarque était fort juste. Le pauvre garçon se sentait lâche devant la jeune fille. Il n'avait jamais songé à s'expliquer les rougeurs subites, les tremblements qui le prenaient en sa présence, dans l'intimité. Il redoutait de la voir, de l'entendre, face à face, parce qu'il n'était plus qu'un petit garçon, et qu'alors elle triomphait.

Jeanne, ce jour-là, désespérant de lui faire lever la tête, allait se retirer, quand sa jupe s'accrocha à l'angle d'un meuble et se déchira avec un bruit sec. Au craquement de l'étoffe, il regarda, et vit Jeanne qui lui souriait tranquillement, en dégageant sa robe.

Il sentit la nécessité où il était de parler, et il dit une sottise.

— Voilà une robe perdue, balbutia-t-il.

Jeanne lui jeta un regard surpris qui signifiait clairement : « Que vous importe ? »

Puis, avec un mauvais sourire :

— Seriez-vous tailleur, par hasard, lui dit-elle, pour estimer ainsi le dommage ?

— Je suis pauvre, reprit plus fermement Daniel, je n'aime pas à voir se perdre les choses chères. Pardonnez-moi.

La jeune fille fut touchée de l'émotion qu'il avait mise dans ces simples paroles. Elle se rapprocha.

— Vous détestez le luxe, n'est-ce pas, monsieur Daniel ? ajouta-t-elle.

— Je ne le déteste pas, répondit le jeune homme, je le crains.

— Est ce pour vous exercer au courage que vous fréquentez les lieux où se réunit le beau monde ? J'ai cru vous y apercevoir quelquefois.

Daniel ne répondit pas.

— Je crains le luxe, répéta-t-il, parce qu'il

y a danger pour le cœur dans les joies égoïftes de la richesse.

Jeanne fut blessée du regard dont il accompagna ces mots.

— Vous êtes moins que galant, lui dit-elle sèchement.

Et elle sortit, irritée, laissant le pauvre secrétaire désespéré de sa maladresse et de sa brutalité.

Il comprenait qu'elle lui échappait, et il s'accusait de ne pas savoir lui donner des leçons douces et profitables. Dès qu'il avait réussi à l'attendrir, à effacer le sourire moqueur de ses lèvres, il lui arrivait de prononcer quelque parole trop nette qui la blessait et l'irritait.

La vérité était qu'il ne pouvait lutter avec avantage contre les influences toutes-puissantes qui entouraient Jeanne. Elle appartenait au monde, elle vivait dans une continuelle fièvre qui la secouait et l'empêchait d'entendre les plaintes sourdes de son propre cœur. Les émotions que les paroles de Daniel faisaient parfois naître en elle étaient rapidement étouffées par les légèretés du milieu dans lequel elle se trouvait.

La scène de la robe déchirée se renouvela à plusieurs reprises; Daniel eut souvent l'occasion de faire de la morale, et chaque fois il sentit qu'il reculait au lieu d'avancer dans le cœur de Jeanne. Il la retrouvait ensuite plus froide et plus dédaigneuse. Elle se disait sûrement que ce pauvre hère se mêlait de ce qui ne le regardait pas, et il ne pouvait lui crier :

— Vous êtes mon enfant bien-aimée, et je veux un jour vous aimer comme une sainte. Je ne vis que pour vous. Vous êtes le legs précieux de celle à qui je dois tout. Vos bonnes paroles me pénètrent de douceur, vos méchants sourires me navrent et me brisent. Par pitié, soyez bonne. Laissez-moi faire, je vous en supplie : je travaille uniquement à votre chère félicité.

Il avait eu une grande crainte dont il était heureusement délivré. Il tremblait que M. de Rionne ne se souvînt et ne s'occupât de sa fille. Mais, depuis qu'il habitait chez les Tellier, il n'avait pas encore aperçu cet homme, dont la lâcheté vicieuse l'effrayait.

M. de Rionne oubliait parfaitement qu'il avait une fille. Il était venu la voir une fois, après sa sortie du couvent, uniquement pour recommander à sa sœur de ne jamais la lui amener.

— Tu comprends, lui avait-il dit avec un sourire, je ne reçois que des hommes, et Jeanne serait toute dépaysée chez moi.

Et il s'en était allé, certain de ne pas être dérangé, heureux de la précaution qu'il venait de prendre. Il ne revint pas, craignant d'avoir à subir quelque fantaisie de sa fille.

Mais Daniel voyait souvent dans la maison une figure qui l'inquiétait. Lorin était sans cesse là, beau parleur, faisant l'aimable, cherchant à plaire. Et Jeanne paraissait aimer à le voir et à l'entendre. Il savait amuser la jeune fille; lorsqu'elle se montrait boudeuse, il consentait de bonne grâce à servir de but à ses épigrammes. Il devenait ainsi presque indispensable.

Daniel se demandait avec terreur ce que voulait cet homme. Le bout de conversation qu'il avait eu avec lui lui mettait au cœur une inquiétude terrible. Depuis ce jour, il ne le perdit plus de vue, il chercha même à le queſtionner, mais il n'apprit rien qui confirmât son soupçon.

Il tremblait toutefois, et il souhaitait ardemment de souſtraire Jeanne aux influences qui la rendaient mauvaise. Il s'avouait qu'il serait impuissant, qu'il ne pourrait parler à son cœur, tant qu'elle demeurerait étourdie par les bruits du monde. Il aurait voulu l'emporter, loin de la foule, dans une solitude calme.

Son rêve fut exaucé.

Un matin, M. Tellier lui apprit qu'il partait dans huit jours, avec sa femme et Jeanne, pour aller passer la belle saison à la campagne. Il comptait emmener son secrétaire et s'occuper avec lui de son grand ouvrage, qui n'avançait que lentement.

Daniel remonta dans sa chambre, plein d'une joie profonde. Il avait passé un hiver terrible, vivant une vie qui le tuait, et il se disait qu'il allait respirer enfin, dans le large ciel, au côté de sa bien-aimée Jeanne. Là, dans la tranquillité douce du printemps, il accomplirait le vœu de la pauvre morte.

Huit jours après, il était en Normandie, dans la propriété que M. Tellier possédait sur le bord de la Seine.

X

La propriété de M. Tellier, le Mesnil-Rouge, comme on la nommait, s'étendait sur la pente douce d'un coteau qui descendait lentement vers la Seine. L'habitation était une de ces grandes demeures irrégulières auxquelles chaque propriétaire ajoute un corps de logis, et qui finissent par ressembler à de petits villages, avec leurs toits de toutes les formes et de toutes les hauteurs. Le regard, au milieu de cet entassement de murs, ne retrouvait qu'avec peine la maison primitive, bâtie en briques, avec deux ailes en retour. Les fenêtres, longues et étroites, donnaient sur une pelouse qui allait jusqu'à la rivière.

Derrière le logis, il y avait un grand parc,

qui occupait toute la hauteur du coteau. Les arbres, d'un vert sombre sur le bleu du ciel, formaient un immense rideau tiré sur le vaste horizon.

Puis, de l'autre côté de la Seine, la plaine s'élargissait à perte de vue. On apercevait çà et là les taches grises des villages au milieu des massifs de verdure. Les cultures faisaient de grands carrés de couleurs diverses, coupés par les lignes noires des peupliers. Et cela aussi loin que le regard pouvait aller. La plaine pâlissait à l'horizon dans une brume grise.

Et la Seine descendait avec de lents détours. Elle était bordée d'arbres qui la cachaient à moitié et qui formaient dans les terres une longue traînée de feuillages.

En face du Mesnil-Rouge, la rivière coulait plus rapide, encombrée d'îles qui la divisaient en petits bras. La végétation poussait à l'aventure dans ces îles : les herbes y croissaient hautes et capricieuses, les arbres s'y dressaient dans leur tranquillité fière. Les gens du pays y allaient une fois l'an, pour dénicher les corbeaux. Elles étaient de charmantes solitudes vertes, à demi sauvages, dans lesquelles on n'entendait que le bruit des seaux et les cris des martins-pêcheurs et des ramiers.

Rien n'était plus charmant que les canaux étroits qui séparaient les îles. Les arbres étendant leurs branches, en faisaient des sortes d'allées bordées de feuilles. En levant les yeux, on apercevait des coins de ciel bleu. On se trouvait sous une voûte de verdure, haute comme la nef d'une église, dans une lumière douce et verdâtre, dans une fraîcheur pénétrante. Il y avait des battements d'ailes sur les rives, et l'eau chantait entre les troncs d'arbres submergés sa chanson légère et monotone.

Au fond des allées, se creusaient des trous ronds qui laissaient voir de larges nappes de ciel. Et, à mesure qu'on avançait, les trous s'agrandissaient, les lointains se montraient dans une vapeur d'un violet tendre.

Alors on voyait la Seine, blanche au grand soleil, avec ses rives boisées qui jetaient dans l'eau des ombres toutes noires. Les horizons étaient calmes et amples, faits de lignes simples qui ondulaient majestueusement. Le paysage, plat et immense, s'étendait sous un large pan de ciel où frissonnaient de petits nuages pâles.

On eût dit qu'un fleuve de lait avait passé sur cette nature féconde et attendrie. La terre, sans convulsions, sans rochers, donnait grassement la vie à des arbres qui grandissaient droits et forts, comme des enfants sains et vigoureux. Et les rangées de saules, d'une froideur douce, reflétaient leurs longues branches grises dans les eaux claires.

Quand le soleil montait, pendant les chaudes journées de juillet, le paysage entier devenait d'un blond lumineux. Les peupliers seuls faisaient des barres noires sur le ciel blanc.

Contrée douce et consolante, horizons d'une largeur sereine, dans lesquels le cœur s'apaisait. Lorsque Jeanne, le lendemain de son arrivée, ouvrit sa fenêtre et aperçut la plaine immense, elle sentit des larmes monter à ses yeux, et elle descendit en courant, pour vivre dans cet air frais qui gonflait sa poitrine d'une volupté inconnue.

Elle redevint enfant. L'exiſtence fiévreuse qu'elle avait menée pendant un hiver, ces soirées brûlantes, cette vie pleine de secousses et de triomphes éphémères, avaient passé sur elle comme un orage, agitant sa chair, mais ne pénétrant pas jusqu'à l'âme. Dans les fraîcheurs calmes de la jeune saison, elle retrouva subitement ses gaietés légères, ses tranquillités naïves de pensionnaire. Il lui sembla qu'elle se trouvait encore au couvent, lorsqu'elle était toute petite et qu'elle courait à perdre haleine sous les arbres du préau. Et ici le préau était toute la vaſte campagne, la pelouse et le parc, les îles et les terres qui disparaissaient dans la brume de l'horizon.

Si elle l'eût osé, elle aurait joué à courir et à se cacher derrière les troncs des vieux chênes. C'était un réveil de jeunesse et de force. Ses dix-huit ans, dont elle étouffait la turbulence dans les salons, de peur de chiffonner ses dentelles, chantaient ici leur chanson joyeuse. Elle se sentait vivre, et elle était emportée par des élans soudains qui la poussait à vagabonder et à rire comme un garçon. Le bien-être n'était encore que physique; elle n'entendait pas son cœur battre dans cette sérénité des champs ; elle n'aimait pas, elle n'avait pas le temps d'interroger ses affections, et elle s'abandonnait simplement à la vie ardente qui brûlait en elle.

Madame Tellier la regardait courir en haussant les épaules. Pour elle, le Mesnil-Rouge était un lieu d'exil, dans lequel la mode la retenait pendant plusieurs mois. Elle s'y ennuyait ariſtocratiquement, passant ses journées à bâiller et à compter le nombre de semaines qui devaient s'écouler encore avant le commencement de l'hiver. Lorsque la nostalgie de Paris s'emparait d'elle trop vivement, elle s'efforçait de s'intéresser aux arbres, elle allait jusqu'au bord de la Seine pour voir couler l'eau.

Elle en revenait toujours profondément découragée ; rien ne lui semblait plus bête et plus malpropre qu'une rivière, et quand elle entendait vanter les plaisirs champêtres, il lui prenait des étonnements profonds. Pour faire comme tout le monde, elle se pâmait dans son salon, chaque fois qu'il était question de feuillages et de ruisseaux ombreux ;

mais, au fond, elle nourrissait une haine féroce contre les herbes mouillées qui tachent les robes et contre le soleil qui brûle la peau.

Ses grandes promenades étaient de faire le tour de la pelouse. Elle avançait avec précaution, ne quittant pas des yeux le sentier, par peur des flaques d'eau; les feuilles sèches et humides l'épouvantaient, et, un jour, elle poussa des cris de terreur parce qu'une ronce lui avait légèrement égratigné la cheville.

Jeanne courait follement devant elle, et alors elle la regardait d'un air de pitié et de mécontentement. Elle espérait mieux de cette enfant qui avait si bien joué son rôle de coquette pendant tout l'hiver.

— Bon Dieu! Jeanne, lui criait-elle aigrement, que vous êtes commune! On dirait vraiment que vous vous amusez....Ah! Seigneur, voici un grand trou plein d'eau! Venez donc me donner la main.

Et la jeune fille, honteuse, voulant avoir l'air aussi diftingué que sa tante, se mettait à sautiller comme elle, poussant de petits cris d'effroi. Elle n'était pas effrayée du tout, elle obéissait simplement à madame Tellier, qui jugeait souverainement en matière de goût. Puis, peu à peu, ses pieds devenaient fiévreux ; elle pressait le pas, marchant en plein dans la boue, ce qui la faisait rire aux éclats ; et elle recommençait à courir.

La seule joie de la maison était la venue d'un visiteur. Ces jours-là, madame Tellier rayonnait ; elle pouvait, dans sa solitude, étaler ses grâces. Elle tirait les rideaux pour ne plus voir les arbres, et elle se croyait à Paris ; causant de mille niaiseries mondaines, s'enivrant des senteurs lointaines des soirées. Parfois, lorsqu'elle oubliait de fermer les rideaux et qu'elle venait, en pleine causerie banale, à jeter un regard sur le large horizon, il lui prenait de véritables épouvantes : elle se sentait toute petite dans cette immensité, et son orgueil de femme souveraine souffrait cruellement.

Jeanne elle-même n'était pas insensible à ces souvenirs qui lui venaient de Paris. Elle restait alors dans la grande salle du Mesnil-Rouge ; elle questionnait les visiteurs et reprenait son rôle de coquette et de belle railleuse. Pour un jour, elle oubliait les douceurs de l'air, les joies du ciel et de la rivière. Elle n'était plus le gamin qui courait dans les allées, elle redevenait cette belle demoiselle dédaigneuse qui effrayait tant Daniel.

Daniel, ces jours-là, s'enfermait dans la petite chambre qu'il avait choisie au dernier étage, au fond d'une espèce de pigeonnier. Il travaillait, de désespoir, à l'ouvrage du député, ou bien il passait tout seul dans une île, et là, couché au milieu des herbes hautes, il attendait avec colère que les visiteurs lui eussent rendu sa chère fille.

Cet esprit simple et doux éprouvait des joies pénétrantes à vivre ainsi en plein air et en pleine nature. Il avait trouvé au Mesnil-Rouge le milieu qui lui convenait, il y goûtait pour la première fois des heures charmantes d'oisiveté et de repos. Son exiſtence jusque-là s'était passée dans des cachots, et il ignorait qu'il fût né pour la vie libre et tranquille des champs. Il se fit un tel calme dans son être, il éprouva des voluptés telles qu'une immense espérance lui vint au cœur.

Les jours d'ennui, lorsque le Mesnil-Rouge

était vide de visiteurs, Jeanne lui appartenait.

Il s'était peu à peu établi une familiarité cordiale entre eux. La jeune fille, les premiers jours, regardait les îles avec une envie et une curiosité d'enfant; elle aurait voulu savoir ce qui se passait derrière ces feuillages impénétrables; son imagination travaillait et lui faisait entrevoir des spectacles merveilleux.

Mais son oncle était bien trop solennel pour aller risquer sa gravité dans les ronces, et sa tante avait en horreur ces bouquets d'arbres plantés dans l'eau, qui devaient être pleins de serpents et de vilaines bêtes.

Daniel lui apparut alors comme un honnête garçon qui pouvait lui rendre un grand service. Chaque matin, elle le voyait prendre le canot et disparaître dans l'ombre noire des petits bras. Un jour, elle lui demanda bravement d'aller avec lui. Elle fit cela tout naïvement, pour contenter sa curiosité, sans même songer que Daniel pût être un jeune homme.

Le pauvre garçon se mit à rougir, et il s'expliqua sa rougeur par la joie qu'il éprouvait. Et depuis ce jour, Jeanne l'accompagna dans chacune de ses promenades.

Madame Tellier, pour qui Daniel n'était qu'un domeſtique bête et laid, ne voyait aucun mal à ce que sa nièce fût promenée et gardée par lui. Elle s'étonnait simplement du mauvais goût de Jeanne, qui revenait avec des jupes souillées et déchirées. Quant au député, il en était arrivé à avoir du respect pour son secrétaire.

Ce fut un emportement. Les jeunes gens partaient vers le soir, une heure avant le crépuscule. Dès que le canot se trouvait dans un des petits bras, Daniel relevait les rames, et ils descendaient doucement au fil du courant. Ils ne parlaient pas. Jeanne, renversée à demi, songeait en écoutant le bruit léger que produisait l'extrémité de ses doigts plongés dans l'eau. Et ils allaient ainsi, dans la lueur verte et transparente, au milieu d'un silence frissonnant.

Puis ils descendaient dans une île, et là, c'étaient des rires d'enfant, des courses folles. Quand ils avaient découvert une étroite clairière au milieu des taillis, ils y reprenaient haleine en causant comme de vieux amis. Jamais Daniel ne voulut s'asseoir. Lorsque sa compagne se reposait un instant, il se tenait debout. Il s'était exercé à monter aux arbres, et il allait y chercher les nids ; comme Jeanne s'apitoyait sur le sort des malheureux petits, il grimpait de nouveau pour les replacer sur les branches hautes.

Le retour était d'une douceur extrême. Ils s'attardaient sous les voûtes de feuilles, où il faisait tout noir ; la fraîcheur devenait pénétrante, et les tiges des saules sifflaient doucement en frôlant leurs vêtements. L'eau calme semblait un miroir d'acier bruni.

Et Daniel, lorsqu'il avait allongé le chemin le plus possible, se décidait enfin à quitter les îles. La Seine s'étendait alors devant eux avec des blancheurs d'argent. Il faisait jour encore, un jour pâle, d'une mélancolie tendre.

Jeanne, assise au fond de la barque, suivait du regard la surface de l'eau ; la rivière lui semblait un autre ciel dans lequel les arbres se dressaient avec des ombres plus énergiques. Une immense sérénité berçait les campagnes, et il venait on ne savait d'où un silence plein de prières et de chansons adoucies. Les horizons s'élargissaient, légers et tremblants, comme une vision dernière qui va s'évanouir dans la nuit.

Une paix suprême s'était faite dans le cœur de Daniel. Il s'oubliait dans la vie paisible qu'il menait. Jeanne lui paraissait toute bonne et toute jeune, et il abandonnait avec joie ses sévérités et ses doutes.

Il sentait bien qu'il n'était pas né pour prêcher, et que le rôle de précepteur lui allait fort mal. Il savait aimer, rien de plus. Quand il se souvenait de ce maudit hiver où il s'était fait tant de chagrin et où il avait joué un personnage si étrange et si ridicule, une angoisse inexprimable le prenait. Combien il était heureux maintenant, dans l'espérance, dans l'apaisement de ses affections!

C'est ainsi qu'il ne songait plus ni au passé ni à l'avenir. Il lui suffisait de voir Jeanne courir dans les herbes, se plaire dans la solitude des îles, lui témoigner une franche cordialité. Selon lui, tout allait bien : le présent était bon, la jeune fille allait oublier ses mauvaises fièvres. L'air frais et libre l'avait rajeuni lui-même, et il voyait autour de lui comme un grand épanouissement de jeunesse et de tendresse qui calmait ses anxiétés.

Il vécut toute la belle saison dans une confiance complète. Il n'eut pas un mot de reproche, pas un regard sévère. Tout ce que Jeanne faisait était bien fait, et il trouvait des prétextes pour excuser ses heures de railleries et d'aigreur. La vérité était que la familiarité de la jeune fille le jetait dans des extases qui lui ôtaient le sentiment de la réalité.

Il jouissait profondément de sa présence. Quand elle était là, dans la barque, il sentait une douceur inconnue glisser dans son être. Il souhaitait ardemment l'heure du départ; il inventait des courses lointaines pour la garder plus longtemps. Alors, il la trouvait si belle et si bonne qu'il se sentait des remords de l'avoir tourmentée; il ne voyait plus bien les symptômes alarmants qui l'avaient inquiété, il se répétait qu'elle était parfaite, et il faisait le serment de n'être plus auprès d'elle qu'un serviteur humble et dévoué.

La belle saison se passa ainsi, dans une joie tranquille, dans une espérance entière.

Daniel n'était pas sorti une fois de son rôle de guide infatigable et prévoyant ; Jeanne avait fini par l'accepter comme un camarade de jeu dont elle abusait avec la tyrannie des enfants.

L'avant-veille du départ pour Paris, Daniel et Jeanne voulurent aller dire adieu aux îles. Ils partirent tous deux et s'oublièrent longtemps dans les petits bras. L'automne était venue, des feuilles jaunes descendaient lentement le courant, et le vent, dans les branches dénudées, poussait des soupirs mélancoliques.

La promenade fut trifte. Il faisait presque froid. La jeune fille se serrait dans un châle qu'elle avait jeté sur ses épaules ; elle ne parlait pas, elle regardait les pauvres feuillages rougis, et elle les trouvait bien laids. Daniel, toujours confiant, ne voyait pas les dédains de sa compagne ; il s'abandonnait au charme de cette course dernière, sans même songer au terrible Paris qui se dressait devant lui.

Quand ils quittèrent les îles, ils aperçurent de loin trois personnes qui les attendaient sur la rive. Ils reconnurent M. Tellier à l'énorme tache qu'il faisait sur le vert de la pelouse; les deux autres personnes devaient être des visiteurs dont les traits leur échappaient.

Puis, à mesure que la barque s'avançait, une angoisse terrible s'emparait de Daniel. Il reconnaissait les visiteurs, il se demandait avec terreur ce qu'ils venaient faire au Mesnil-Rouge.

Et Jeanne, sautant leftement dans l'herbe :

— Tiens ! cria-t-elle, M. Lorin et mon père !

Elle alla embrasser M. de Rionne, puis se dirigea vers le château au bras de Lorin, qui la faisait rire bruyamment avec ses nouvelles de Paris.

Daniel refta seul sur la rive, désolé, les larmes aux yeux, voyant bien que sa chère félicité était morte.

Le soir, après le dîner, Lorin l'aborda, et d'un ton de supériorité moqueuse :

— Comme vous ramez, mon cher ! lui dit-il. Je n'aurais jamais cru, en vous voyant, que vous eussiez des bras aussi vigoureux... Je vous remercie d'avoir promené Jeanne toute la saison.

Et comme Daniel le regardait d'un air surpris, prêt à refuser ses remerciements :

— Vous ne savez pas, ajouta-t-il plus bas, je commets décidément la folie dont je vous ai parlé.

— Quelle folie ? demanda Daniel d'une voix étranglée.

— Oh! c'eſt une belle et bonne folie... Elle n'a pas le sou, et elle va mordre diablement dans ma fortune... J'épouse Jeanne.

Daniel le regarda, ſtupide et écrasé. Puis il remonta dans sa chambre, sans pouvoir trouver une parole.

XI

Lorin s'était consulté avec anxiété pendant près de dix mois, pour savoir s'il devait épouser Jeanne. C'était de la sorte que cet homme habile commettait ses plus grosses folies.

Il n'était pas précisément amoureux. La jeune fille l'avait plutôt surpris et étourdi par ses grâces fières et ses railleries amusantes. Il se disait qu'une pareille femme lui ferait honneur, et qu'elle lui ouvrirait à deux battants les portes du monde. Il se voyait à son bras, et sa vanité se trouvait délicieusement chatouillée. Puis, sans que son cœur s'en mêlât beaucoup, il se mit à l'aimer d'un amour égoïste.

Mais cela devait lui coûter cher, et il s'était

longtemps défendu. Peu à peu il en vint à calculer quelle serait la dépense, à combien lui reviendrait une pareille emplette. Il chiffra chaque détail, il couvrit tout un regiſtre d'additions et de multiplications. La somme l'effraya.

Alors il rogna, il diminua chaque chiffre, il finit par se convaincre que Jeanne, tout en étant très-chère, était cependant à la portée de sa bourse. Il attendit un grand mois encore, hésitant, se demandant s'il ne ferait pas mieux de chercher une femme qui l'enrichirait au lieu de l'appauvrir.

Les amours de vanité sont tout aussi tenaces que les amours de cœur. Lorin se sentit faiblir; il se donna pour prétexte qu'il avait assez de fortune, et qu'il pouvait bien se passer une fantaisie. Il se dit qu'il était fou, et tout en se raillant lui-même, il alla trouver M. de Rionne.

Il le savait ruiné.

— Monsieur, lui dit-il avec un léger salut, je viens vous voir pour une affaire importante, et j'espère que vous voudrez bien accueillir ma demande.

M. de Rionne crut flairer un créancier; il lui avança un fauteuil; l'interrogeant du regard.

— Voici, continua Lorin en refusant le siége. Madame Tellier a la bonté de me recevoir en ami, et j'ai eu l'occasion de rencontrer chez elle mademoiselle Jeanne de Rionne... J'ai l'honneur de vous demander sa main.

Le père, tout surpris d'avoir une fille à marier, ne put trouver une réponse. Lorin profita de son silence pour lui dire qui il était et lui faire connaître le chiffre de sa fortune. Tandis qu'il parlait, le visage de M. de Rionne s'éclairait, et ses attitudes devenaient d'une exquise politesse : on ne venait pas lui réclamer de l'argent, on venait peut-être lui en apporter.

Ils causèrent.

M. de Rionne en était presque à la pauvreté. Paillette avait dévoré ce que le jeu avait épargné. Les dettes devenaient criardes, les crédits se fermaient, et le misérable, vieilli et honteux, se retenait sur la pente où il roulait. Souvent il se demandait où il irait loger, lorsqu'il devrait quitter son appartement; il n'osait songer à sa sœur, qui l'écraserait de tout son dédain de femme positive.

L'orgueil, en lui, était encore debout, quand il apprit une infamie qui acheva de le briser. Louis, son valet de chambre, toujours froid et toujours riant en dedans, lui refta fidèle tant qu'il put le voler à son aise ; mais lorsqu'il ne trouva plus de poches à vider, il s'en alla un beau matin et se mit à manger l'argent amassé. Son sourire myftérieux était enfin expliqué ; la machine humble et exacte riait d'attirer à elle les pièces d'or qui s'égaraient. Il faut qu'en ce monde le mal trouve toujours sa punition, disent les moraliftes. Louis, qui avait pris l'habitude du vol, commit la sottise de voler Paillette à son maître. Un jour, M. de Rionne, qui se présentait chez sa maîtresse, fut mis à la porte par son valet.

Il en était là, lorsque Lorin vint lui demander Jeanne en mariage. Il n'avait pas encore songé à tirer parti de sa fille, et la demande du jeune homme fut une révélation pour lui. Il cherchait partout un refuge, et le refuge était trouvé. Il allait avoir une retraite assurée où il pourrait vieillir tranquillement dans le luxe. Et vaguement il espérait tirer quelques sous du jeune ménage, qui lui permettraient de ne pas s'ennuyer tout à fait.

Il joua son rôle de père très-dignement. Il ne fut ni trop empressé ni trop froid. Au fond, il craignait horriblement que le mariage ne se fît pas. Lorin lui donna l'assurance que Jeanne l'aimait. Cela le tranquillisa, et il devint plus expansif. Il parlait de sa fille avec une émotion vraiment paternelle; il ne voulait, disait-il, que son bonheur.

Il fut décidé qu'ils partiraient tous deux le lendemain pour le Mesnil-Rouge, afin d'arrêter le mariage avant que Jeanne ne rentrât à Paris. Lorin n'était pas fâché de conduire les choses rondement, car il hésitait toujours et se disait qu'une fois la folie commise, il lui faudrait bien l'accepter.

Dès leur arrivée, la queſtion fut posée et on consulta la jeune fille.

Daniel ne dormit pas de la nuit. Les idées se heurtaient dans son cerveau, sans qu'il pût savoir lui-même à quoi s'arrêter. Par inſtants, il se disait que Lorin mentait et que

Jeanne ne l'épouserait pas à coup sûr; puis il lui prenait des peurs terribles, il était persuadé que le mariage allait avoir lieu. Ce qui dominait en lui, c'était une douleur cuisante qui lui brûlait la poitrine ; lorsque Jeanne et Lorin lui apparaissaient côte à côte, il avait des mouvements de rage furieuse.

Quand vint le jour, il tâcha de se calmer. Il n'avait, après tout, pour se désespérer et s'irriter de la sorte, que les paroles de Lorin. Rien peut-être n'était décidé. Il fallait voir. Et il descendit, cherchant à lire sur les visages.

M. Tellier avait sa face bête de tous les jours; on ne trouvait jamais rien sur cette physionomie épaisse. M. de Rionne était visiblement enchanté; il avait mille petites attentions pour sa fille, il la regardait comme une chose précieuse qu'on craint de perdre.

Quant à madame Tellier, elle riait un peu nerveusement. Elle semblait, elle aussi, avoir passé une mauvaise nuit. La vérité était que la demande de Lorin l'avait blessée, et il avait fallu qu'elle se raisonnât longtemps elle-même, pour ne point paraître encore plus irritée.

Elle s'était dit que Jeanne devenait une rivale dangereuse, et qu'elle ferait bien de s'en débarrasser au plus tôt. Cela lui coûtait un ami, — elle appelait Lorin « mon ami » ; — mais il valait mieux en sacrifier un que de garder auprès d'elle cette petite fille, qui décidément avait le rire trop clair. Elle cherchait à se consoler ainsi, et elle était exaspérée.

Lorin faisait sa cour. Le cœur libre, il jouait à merveille son rôle galant ; il sentait d'ailleurs tout son prix et n'avait pas d'empressement ridicule.

Mais le visage que Daniel étudia avec le plus d'anxiété fut celui de Jeanne. La jeune fille avait retrouvé ses allures de Parisienne heureuse d'être courtisée. Elle s'abandonnait volontiers. Si elle ne montrait pas une joie trop vive, elle paraissait charmée des attentions de Lorin, et parlait de Paris comme une pensionnaire parle d'un bal.

Alors Daniel comprit avec terreur qu'il avait été lâche, qu'il s'était trop oublié dans la volupté douce du Mesnil-Rouge. Il aurait dû parler pendant les longues promenades ; tandis qu'ils étaient là, la jeune fille et lui, dans le silence et la fraîcheur des îles, loin du monde, il aurait dû ouvrir le cœur de sa compagne, lui apprendre à aimer les belles et nobles choses. Et, maintenant, le monde se mettait entre eux de nouveau.

Jeanne s'était simplement amusée à courir, comme une grande enfant. La présence de Lorin avait suffi pour lui rendre son esprit mauvais. Cet homme lui semblait un excellent garçon, un peu sot, très-convenable d'ailleurs. Lorsqu'elle connut sa demande, — qu'elle attendait, — elle accepta étourdiment, ne voyant dans le mariage qu'un moyen d'avoir un salon à soi. Elle éprouvait bien une sorte d'inquiétude sourde : c'était le cœur qui se plaignait; mais elle était d'une telle ignorance, qu'elle mit cela sur le compte de la situation, nouvelle pour elle.

Daniel eut conscience de ce qui se passait dans cette jeune tête, et il se dit avec emportement qu'il ne pouvait laisser s'accomplir un pareil mariage. Son cœur se révoltait. Il avait oublié sa tâche, il ne cherchait plus à se conformer uniquement au vœu de la morte; son être entier le poussait à arracher Jeanne à Lorin.

Le soir, après une longue journée d'angoisse, il arrêta la jeune fille sur la pelouse.

— Vous vous mariez? lui demanda-t-il brusquement.

— Oui, lui répondit-elle, étonnée de l'émotion de sa voix.

— Connaissez-vous bien M. Lorin?

— Certainement.

— Moi, voici douze ans que je l'ai rencontré pour la première fois, et je ne l'eftime pas.

Jeanne releva la tête avec hauteur. Elle voulut répondre.

— Ne dites rien, reprit Daniel violemment. Croyez-moi, ce mariage eft impossible. Je ne consens pas à ce que vous épousiez cet homme.

Il parlait en maître, en père courroucé qui veut être obéi. Jeanne le regardait d'un air de pitié dédaigneuse.

Un inftant Daniel eut la pensée de tout lui dire et de lui commander, au nom de sa mère, de chasser Lorin. Mais il sentit que cela lui était impossible, et il ajouta d'une voix moins dure.

— Par grâce, réfléchissez, ne me désespérez pas.

Jeanne se mit à rire. L'audace étrange du secrétaire la désarmait. Et, simplement :

— Monsieur Daniel, dit-elle, est-ce que vous seriez amoureux de moi, par hasard ?

Et d'un ton plus doux, comme vaguement avertie du dévouement et de la tendresse du pauvre hère :

— Allons, mon camarade, ajouta-t-elle, pas de folie. Il ne faut pas nous quitter fâchés.

Quand elle se fut retirée, Daniel demeura immobile, écrasé. Il répétait machinalement la phrase de la jeune fille : « Est-ce que vous seriez amoureux de moi, par hasard ? » et il y avait comme un grand bourdonnement dans sa tête qui l'empêchait de s'entendre lui-même. Et, brusquement, il s'enfuit du côté du parc en balbutiant :

— Elle l'a dit, elle l'a dit : je suis amoureux.

Sa poitrine brûlait, il chancelait comme un homme ivre, il se heurtait aux arbres. Une pluie fine et froide se mit à tomber, et il s'en alla ainsi dans la nuit obscure, délirant et sanglotant, voyant enfin clair dans son cœur.

Il aimait Jeanne, le misérable enfant, et il se disait cela avec des colères suprêmes. Eh quoi ! il avait réussi à se mentir à lui-même, tout ce dévouement n'était que de l'amour, il ne protégeait la jeune fille contre Lorin que pour la garder pour lui ! A ces pensées, la honte le faisait défaillir, il comprenait qu'il n'aurait plus le courage de lutter.

Qu'était-il, après tout, pour Jeanne ? pas même un ami. De quel droit viendrait-il parler en maître dans cette famille, et quel cas ferait-on de ses ordres ? Toujours son impuissance et sa misère l'écrasaient. Il crierait que Lorin était un malhonnête homme, et il n'aurait aucune preuve à donner ; il parlerait de la mission qu'il avait à accomplir, et on le traiterait de fou, on rirait en le mettant à la porte, on lui dirait : « Vous êtes amoureux. »

Et on aurait raison. Il avait aimé Jeanne à six ans. Il le sentait bien maintenant. A l'impasse Saint-Dominique-d'Enfer, il avait gardé pour maîtresse la chère vision de l'enfant. Plus tard, il s'était mis à adorer la jeune fille ; il était devenu jaloux et méchant, la suivant partout, craignant que son cœur ne fût volé.

Puis, il songeait aux courses dans les îles, à tous les apaisements tendres de son amour. Comme il se trouvait heureux, quand il s'ignorait lui-même ! comme il était bon de veiller en père sur sa chère tendresse !

Maintenant il savait tout, le remords le torturait, l'amour le mordait au cœur.

Il se laissa tomber sur la terre, et la pluie le pénétrait de frissons. Dans son angoisse, dans les injures qu'il s'adressait, dans ses hontes et ses souffrances, une pensée brutale revenait sans cesse, implacable et aiguë : c'était que son amante allait appartenir à un autre. Il se défendait contre cette pensée mauvaise, il voulait tuer son cœur, il appelait avec désespoir le souvenir de sa bonne sainte. Et toujours Jeanne et Lorin étaient là, devant lui, jeunes et souriants, raillant ses souffrances. Alors sa tête éclatait, il voyait rouge.

Il passa ainsi une partie de la nuit. Un accablement hébété succéda, en lui, à cette crise de désespoir. Le matin, il se dit qu'il n'avait plus rien à faire chez les Tellier, que la lutte était terminée, et qu'il se trouvait vaincu. Il s'abandonnait aux faits lâchement; tout son être endolori réclamait impérieusement l'oubli, le calme de l'égoïsme. Il voulut partir seul, et il regagna Paris, précédant de quelques heures les hôtes du Mesnil-Rouge.

Il alla chez Georges, qui s'abſtint de toute queſtion, et il y passa plusieurs mois dans une proſtration profonde. Il se rendit une fois rue d'Amſterdam, pour faire ses adieux au député. Un désir irréſiſtible, qu'il ne voulut pas s'avouer à lui-même, le poussa dans cette maison; il éprouvait l'âpre besoin de connaître le jour exact de la célébration du mariage. L'incertitude le torturait, et, lorsqu'il eut contenté sa curiosité, il souffrit davantage. Il compta les jours, et chaque heure nouvelle qui le rapprochait de la date fatale devint plus lourde et plus cruelle pour lui.

Il s'était juré de ne point aller voir Jeanne une dernière fois, lorsqu'elle se livrerait à Lorin. La fièvre le prit la veille de la terrible journée, et il fut poussé malgré lui dans l'église où devait se célébrer la cérémonie. Là, il passa par toutes les horreurs de l'agonie ; il se tint derrière un pilier, pâle et frissonnant, croyant faire un cauchemar horrible.

Quand il rentra, Georges crut qu'il était ivre et le coucha comme un enfant.

Mais, le lendemain, Daniel se leva, malgré la fièvre qui le secouait, et il déclara qu'il allait quitter Paris, s'enfuir au plus vite, retourner là-bas au bord de la mer, à Saint-Henri, dans les larges horizons où il avait vécu si solitaire et si paisible. Georges ne voulait pas le laisser partir; il le voyait trop faible et trop souffrant, et, devant sa résolution farouche, il le suppliait de permettre qu'il l'accompagnât. Daniel s'irrita, refusa toute consolation. Il avait un immense besoin de solitude.

Il partit, laissant Georges désespéré, ignorant tout.

Quand il vit la grande mer bleue s'étendre devant lui, il se sentit plus calme, il ne lui resta qu'une tristesse profonde. Il loua une chambre dont la fenêtre donnait sur les vagues, et il vécut pendant un an, oisif et ne s'ennuyant point, mangeant au jour le jour les quelques économies qu'il avait faites.

Il demeurait des journées entières immobile, en face de la mer. Le bruit des flots avait comme un écho dans sa poitrine, et il laissait bercer ses pensées par les larges ondulations des eaux. Il s'asseyait sur une pointe de rocher, tournant le dos aux vivants, s'absorbant dans le gouffre de l'infini. Et il était seulement heureux lorsque les vagues avaient endormi ses pensées et qu'il était là, inerte, en extase, dormant les yeux ouverts.

Alors une étrange hallucination le prenait. Il croyait être le jouet des vagues, il s'imaginait que la mer était montée le prendre et qu'elle le balançait maintenant avec douceur. Il éprouvait les oscillations des flots, il goûtait un repos infini dans ce va-et-vient de sa chère Méditerranée.

C'eſt dans cette contemplation incessante, dans cette absorption de son être par l'infini, qu'il apaisa son cœur. Il en arriva à ne plus souffrir, à ne plus songer à Jeanne en amant. Sa plaie s'était fermée et ne lui avait laissé qu'une lourdeur sourde.

Il se crut guéri.

Peu à peu l'activité lui revint. Il courut les rochers, il assouplit ses membres qui s'étaient roidis dans son long accablement. Toutes ses pensées d'autrefois arrivèrent une à une. Il écrivit à Georges, s'inquiéta de Paris ; mais il n'osait encore quitter la mer, qui l'avait si bien protégé contre le désespoir.

Le flot de vie nouvelle qui montait en lui le tourmentait, et il ne savait que faire de son jeune courage. Il aurait voulu recommencer la lutte, souffrir de nouveau, se remettre à aimer et à pleurer. Maintenant que la fièvre ne l'hébétait plus, il s'indignait de son oisiveté, il demandait ardemment à vivre, quitte à être vaincu de nouveau.

Un matin, comme il s'éveillait, il entendit, dans le demi-sommeil, une voix qu'il avait déjà entendue une fois, une voix mourante, douce et lointaine, qui lui disait : « Si elle épouse une mauvaise nature, vous aurez à lutter et à la défendre contre elle-même ; la solitude eft lourde pour une femme, et il lui faut beaucoup d'énergie, si elle ne veut pas tomber. Quoi qu'il arrive, ne l'abandonnez pas... »

Le lendemain, Daniel partit pour Paris. Il allait achever sa tâche, il allait recommencer sa vie de dévouement et de larmes. Il se sentait un courage invincible, une espérance large. La joie faisait chanter son cœur.

XII

En arrivant à Paris, Daniel descendit chez Georges.

— Toi ! s'écria son ami, qui ne s'attendait pas à le voir.

Et il le reçut comme un enfant prodigue, avec mille bonnes amitiés et une joie profonde.

Il n'osait l'interroger, craignant d'apprendre un nouveau et prochain départ. Daniel le rassura, en lui disant qu'il venait se remettre à l'œuvre commune et que leur douce vie d'autrefois allait recommencer.

Pendant le voyage, il avait songé à la conduite qu'il tiendrait. Par calcul, il s'était résigné à reprendre ses travaux interrompus, à tenter de nouveau la gloire. Jeanne, comme autrefois, était son seul but. Quand il l'avait fallu, il lui avait sacrifié la science, l'avenir large qui s'ouvrait devant lui ; il s'était fait humble et avait accepté une position infime, uniquement pour vivre auprès d'elle. Aujourd'hui, la position changeait ; il ne devait plus être un simple employé, il devait monter, se rendre célèbre, forcer les portes du monde, se rapprocher de la jeune femme par la grande voie de la célébrité. Et il voulait se remettre au travail avec acharnement, hâter l'heure à laquelle il pourrait la rencontrer.

C'eſt ainsi que Jeanne se trouvait au fond de chacun de ses actes. Son humilité et son ambition dépendaient d'elle. Il se laissait guider par son cœur, et faisait abnégation des autres facultés de son être. Peu lui importaient tous les soucis de ce monde, pourvu qu'il pût protéger et aimer sa chère enfant.

Georges et lui se mirent à la besogne avec ardeur. Ils adressèrent plusieurs mémoires à l'Inſtitut, qui fixèrent sur eux l'attention du monde savant.

Daniel consentait à signer maintenant, et

les noms des deux amis allaient toujours de compagnie, les unissant dans la même renommée. Enfin, le grand ouvrage auquel ils travaillaient depuis leur séjour à l'impasse Saint-Dominique-d'Enfer fut terminé et publié. Il causa une vive sensation, et, chose rare pour une œuvre scientifique, le retentissement en pénétra jusque dans les salons. Daniel, qui s'était tout particulièrement chargé de la rédaction, y avait mis les fièvres nobles de son cœur.

Les deux jeunes auteurs étaient célèbres, ils se virent accueillis avec empressement. Georges, qui atteignait le but rêvé, vivait dans une sorte de sérénité joyeuse. Daniel, au contraire, semblait s'acquitter avec conscience d'une tâche dont l'accomplissement le laissait froid. Il avait simplement hâte de se retrouver face à face avec Jeanne.

Un jour, Georges le mena à une soirée que donnait un haut personnage. Il y alla, poussé par un vague pressentiment.

La première personne qu'il aperçut en entrant dans le salon fut Jeanne, au bras de Lorin. Il l'avait à peine entrevue une ou deux fois depuis son retour à Paris, et il fut navré de la langueur qui accablait la jeune femme. Elle ne riait plus avec ses dédains légers et moqueurs de jeune fille ; le sourire de ses lèvres était doux et résigné, les larmes avaient rendu ses paupières plus lourdes et plus paresseuses.

Lorin vit ses anciens amis, et il vint à eux rapidement. Il était enchanté de pouvoir leur serrer la main en pleine foule.

— Enfin, je vous retrouve ! cria-t-il pour qu'on pût l'entendre de loin. Je vous cherche depuis un mois. Il faut que je vous gronde de délaisser de la sorte votre vieux camarade.

Georges le regardait en face, ne sachant trop s'il devait rire ou se fâcher. Daniel, qui contemplait Jeanne avec délices, se hâta de répondre.

— Nous sommes très-occupés, dit-il d'une voix plus basse ; puis, nous craignions de vous déranger.

— Allons donc ! reprit Lorin, avec force ; vous savez bien que ma maison est la vôtre. Je n'accepte aucune excuse, et je vous attends au premier jour... Savez-vous que vous êtes deux gaillards dont on s'occupe beaucoup? Vous devez gagner des sommes folles.

Puis, se rappelant qu'il avait sa femme à son bras :

— Ma chère, ajouta-t-il, je te présente MM. Daniel Raimbault et Georges Raymond, nos jeunes et illuſtres savants.

Jeanne s'inclina légèrement, et, regardant Daniel :

— Je connaissais déjà monsieur, dit-elle.

— Pardieu, j'oubliais, s'écria Lorin avec un gros rire, il t'a assez promenée sur la Seine... Ah! mon cher Daniel, que vous avez bien fait de devenir célèbre ; je vous plaignais de tout mon cœur lorsque vous étiez secrétaire de Tellier. Vous savez qu'il eſt mort dernièrement : les uns disent d'un coup de sang, les autres d'un discours rentré. On m'a appris hier que sa femme allait se retirer au couvent. Elles finissent toujours comme cela, ces reines de la mode, ces poupées légères et prodigues.

Jeanne souffrait; la voix criarde et commune de son mari lui donnait des impatiences fiévreuses. Ses lèvres tremblaient, et elle tournait la tête à demi, comme pour échapper à la honte d'avoir un tel homme au bras.

Lorin n'était plus le jeune galant qui jouait avec une grâce méditée son rôle d'amoureux. Peu à peu, il était revenu à ses inſtinĉts, à une sorte de brutalité commerciale. Dès qu'il avait été marié, il n'avait plus senti le besoin d'être beau et poli. Le fait peut s'observer chez tous les parvenus qui se marient.

Daniel remarqua que les vêtements de Lorin avaient perdu de leur élégance d'autrefois, et qu'il parlait d'une voix traînante et légèrement enrouée. Il eut pitié de Jeanne.

— Eh bien, comptez sur nous, dit-il, nous irons vous voir prochainement.

Et il s'éloigna, emmenant Georges, qui n'avait pas prononcé une parole et qui s'était oublié à regarder Jeanne avec une admiration sympathique. Au bout de quelques pas :

— Tu connais donc la femme de Lorin? demanda Georges.

— Oui, répondit simplement Daniel. Elle eſt la nièce du député chez lequel j'ai travaillé.

— Je la plains de tout mon cœur, car son butor de mari ne doit guère la rendre heureuse... Tu comptes aller les voir ?

— Certainement.

— Je t'accompagnerai... Cette pauvre jeune femme, avec ses grands yeux triſtes, m'a causé une étrange émotion.

Daniel parla d'autre chose. Il était très-ému, lui aussi, et il se disait avec une joie amère que le malheur avait fait sans doute ce que sa tendresse n'avait pu faire. Il voyait bien que le cœur de Jeanne s'était enfin éveillé, et qu'elle pleurait maintenant ses légèretés et ses insouciances.

Pendant près d'une semaine, Georges lui demanda chaque soir :

— Eh bien ! eſt-ce demain que nous allons chez Lorin ?

Daniel n'osait plus, il lui semblait que la fièvre allait le reprendre. Depuis la soirée où il l'avait revue, Jeanne était toujours devant ses yeux, mélancolique, le regardant avec un sourire triſte et affectueux. Et son pauvre cœur battait par inſtants, il lui prenait des espérances folles.

Il se décida enfin. Un soir, Georges et lui firent la visite promise. Ils tombèrent juste-ment sur un jour de réception. Le salon, quand ils arrivèrent, était déjà plein de monde, et Lorin les montra à ses invités comme des bêtes curieuses.

La soirée fut terrible pour Daniel. Il vit tout, il comprit tout.

Il trouva Jeanne inquiète, fiévreuse. Ce n'était plus la jeune fille insouciante qui régnait en souveraine dans son ignorance de la douleur ; c'était une femme endolorie, dont le cœur venait de s'ouvrir pour saigner. Tant que ses affections avaient dormi en elle, tant que ses amours ne l'avaient pas fait pleurer, elle était restée une poupée hautaine et coquette qui vivait en toute tranquillité dans sa froideur railleuse. Mais maintenant son cœur parlait haut ; il voulait aimer, et il ne trouvait personne à qui donner ses tendresses ; il se révoltait, il s'accusait amèrement de s'être trop longtemps endormi dans un lâche sommeil.

Le réveil avait été cruel pour Jeanne. Deux ou trois mois après son mariage, elle trouva en elle une âme qu'elle ignorait; la révélation fut brusque et écrasante. Son mari, avec ses inſtinẟs bas, sa nature oblique et méchante, lui causa une répulsion qui tout d'un coup lui ouvrit les yeux. En comprenant ce qu'était cet homme, elle eut un élan de fierté, une proteſtation d'amour qui l'éleva d'un bond aux affeẟions suprêmes. Sa mère parla en elle; son être intérieur grandit, domina, chassant l'être extérieur que les circonſtances seules avaient créé. Et le voile se déchira.

Alors elle se vit aux mains de Lorin, liée à jamais. Elle eut des épouvantes et des colères. Elle avait voulu ce désespoir, elle était le léger et méchant cœur qui avait préparé ses propres souffrances. Et l'horizon se trouvait fermé devant elle; maintenant qu'elle avait le pouvoir, l'impérieux besoin d'aimer, elle ne pouvait aimer, car elle méprisait le seul homme auquel il lui fût permis de donner ses tendresses. A ces pensées, un accablement la prit, elle sanglota et désespéra du bonheur.

Puis vint la lâcheté. Elle se dit qu'elle n'aurait jamais la force de vivre ainsi. La solitude lui fit peur, elle ne se sentit pas le courage de se refuser la douceur d'aimer. Alors, une lutte terrible s'établit en elle; ses devoirs d'épouse parlaient haut, ses fiertés se révoltaient, lorsque son cœur criait d'angoisse et la poussait à l'amour d'un autre homme que son mari.

Pendant une heure ses facultés aimantes l'emportaient, elle se prouvait qu'après tout la tendresse eft libre et que les lois humaines ne pouvaient la briser et la rendre à ses froideurs et à ses dédains ignorants de jeune fille. Et, l'heure suivante, le devoir élevait sa voix grave, elle reculait devant la faute, elle acceptait son martyre comme une jufte punition de son aveuglement.

Pendant près de six mois la lutte dura. Elle en était toute meurtrie. Chaque jour, malgré ses révoltes, elle faisait un pas de plus vers le gouffre. Elle se cramponnait, elle se rejetait en arrière; mais la tête lui tournait, et, peu à peu, le vertige du cœur la prenait et l'entraînait. Elle allait tomber, lorsque Daniel parut de nouveau dans sa vie.

Le jeune homme, à voir les yeux brûlants

et inquiets de la jeune femme, devinait en partie ses souffrances. Il voyait Lorin qui tournait à la sottise et à l'embonpoint, et il comprenait que cet homme écrasait la pauvre Jeanne. Il eut un inftant la pensée de se battre avec lui et de le tuer, pour en débarrasser sa femme. Il s'interrogea, et se répondit avec terreur que l'amour le reprenait à la gorge.

Ses regards ne quittèrent pas Jeanne de la soirée. Il goûtait une volupté infinie à se perdre dans chacun de ses mouvements; il jouissait de sa voix, de ses geftes. Le calme de l'extase avait fini par se faire en lui, et il s'oubliait dangereusement dans la contemplation de sa chère tendresse.

Il remarqua que Jeanne tournait avec anxiété ses yeux vers la porte; il pensa qu'elle attendait quelqu'un, et une sorte de brûlure âcre lui traversa la poitrine. Certainement la jeune femme avait la fièvre; elle frissonnait, elle en était à la dernière lutte et allait être vaincue. Alors il s'approcha d'elle et lui parla du Mesnil-Rouge.

— Vous rappelez-vous, lui dit-il, les pâles et douces soirées? Comme il faisait frais sous les arbres, et quel grand silence il tombait du ciel !

Jeanne souriait à ces souvenirs de paix. Elle cherchait à calmer sa fièvre.

— Je suis retournée au Mesnil-Rouge, répondit-elle, et j'ai songé à vous. Je n'ai eu personne pour me conduire dans les îles.

Brusquement, elle regarda la porte du salon et elle devint toute pâle. Daniel sentit de nouveau la brûlure lui traverser la poitrine ; il se tourna à son tour et il vit sur le seuil un grand jeune homme souriant qui promenait un regard paisible dans la pièce.

Ce jeune homme aperçut Lorin et alla lui serrer la main en lui témoignant une cordialité exagérée. Il plaisanta un inftant, puis se dirigea vers Jeanne avec une tranquillité froide et sereine. La jeune femme frissonnait.

Daniel se recula et examina le nouveau venu. Il le jugea d'un coup d'œil. C'était là un de Rionne qui n'avait point encore descendu la pente du vice. Jeanne devait se laisser surprendre par la parole facile de ce garçon, par ses humilités et ses ardeurs de novice.

Ils échangèrent quelques paroles banales de politesse. Jeanne était inquiète et oppressée ; elle répondait au jeune homme sans l'écouter, la pensée ailleurs, comme attendant avec terreur et impatience une phrase qu'il ne disait pas.

Daniel, sans songer qu'il aurait dû s'éloigner, reſtait là, anxieux, pris de fièvre et de colère. Il attendait, lui aussi, il fixait sur Jeanne des regards impérieux et suppliants.

Le jeune homme ne faisait aucune attention à cet étranger dont il ne remarquait même pas l'emportement contenu. Il se pencha vivement, en pleine phrase banale, et, d'une voix plus basse :

— Madame, dit-il, me permettrez-vous de venir demain ?

Jeanne, chancelante et pâle, allait répondre, lorsqu'en levant les yeux, elle aperçut Daniel devant elle, avec son visage sévère et bouleversé. Ses lèvres eurent un léger tremblement ; elle recula, hésita un inſtant, puis se retira sans parler. Le jeune homme tourna sur ses talons, et, entre ses dents :

— Allons ! murmura-t-il, le fruit n'eſt pas mûr. Il faut attendre.

Daniel avait tout entendu, tout compris. Une sueur froide glaçait ses tempes; il était comme un homme qui vient d'échapper à un grand péril et qui reprend respiration, en regardant autour de lui si le danger eſt complétement passé.

Il étouffait, il avait besoin de respirer librement. Il ne pouvait réfléchir dans l'air chaud et lumineux de ce salon. Il chercha Georges et l'entraîna dans la rue.

Georges se laissa emmener d'assez mauvaise grâce. Il était bien dans cette maison où il retrouvait cette jeune femme si triſte qui l'avait ému; si Lorin n'avait pas été là pour lui gâter son émotion, il se serait volontiers oublié à regarder Jeanne.

— Pourquoi diable te sauves-tu ainsi ? demanda-t-il dans la rue à son ami.

— Je n'aime pas Lorin, balbutia Daniel.

— Pardieu, je ne l'aime pas plus que toi. J'aurais voulu reſter pour deviner ce qui rend sa femme si languissante... Nous reviendrons, n'eſt-ce pas ?

— Oh ! oui.

Ils firent le reſte du chemin à pied. Georges rêvait vaguement, et, par inſtants, des sensations inconnues faisaient monter à sa tête un sang chaud et rapide ; il s'abandonnait à une sorte de volupté tendre et indécise, toute nouvelle pour lui. Daniel, sombre et pressé, marchait la tête basse, ayant hâte de se trouver seul.

Lorsqu'il fut monté dans sa chambre, il s'assit et éclata en sanglots. Il tremblait, il s'accusait d'être venu trop tard. Il sentait bien que la faute n'était pas encore commise, mais il ne savait quel parti prendre pour réagir tout de suite et avec violence. Les paroles de sa bonne sainte lui revenaient à la mémoire. « Quand vous serez homme, avait-elle dit, rappelez-vous mes paroles ; elles vous répéteront ce qu'une femme peut souffrir... Je sais combien la solitude eſt lourde, et combien il faut d'énergie pour ne pas tomber. » Et voilà que Jeanne, dans sa solitude, manquait d'énergie, voilà qu'elle allait tomber.

Daniel avait déjà trop souffert pour se mentir encore. Il comprenait que son amour le mordait de nouveau aux entrailles, et c'était par pudeur, par lâcheté qu'il ne le criait pas tout haut. Déjà, au Mesnil-Rouge, il avait eu une semblable crise, pendant une nuit obscure, sous une pluie froide et pénétrante. Alors, dans une fureur jalouse et aveugle, il voulait arracher Jeanne à Lorin. Aujourd'hui il cherchait à la défendre contre elle-même, à lui empêcher de prendre un amant, et il poussait les mêmes cris de désespoir et de souffrance.

Pour ne pas être accablé sous la honte, il se donnait le prétexte de sa mission, il se disait qu'il accomplissait une tâche sacrée. Ici, il s'agissait de l'honneur de la jeune femme, de sa sérénité fière ou de ses remords. La lutte n'avait jamais été plus haletante et plus décisive.

Plus il riait de pitié, car il s'avouait qu'il se mentait, et que c'était son amour qui le poussait ainsi à vouloir le bonheur de Jeanne. Il voyait à nu la nature humaine, il voyait ses propres misères et ses propres hontes. L'ange gardien était devenu un amant fougueux et passionné qui ne veillait plus que par jalousie sur l'âme qu'on lui avait confiée.

Et il serrait son front entre ses mains, il pleurait, il cherchait avec angoisse à sauver son amante.

Puis, comme il ne trouvait rien, il prit une feuille de papier, et se mit à écrire à la jeune femme. Les larmes séchèrent sur ses joues, toute sa fièvre était passée dans sa main, qui courait rapide et frissonnante.

Pendant deux heures il ne leva pas la tête, il soulagea son âme. Sa lettre fut un élan d'amour, un flot de tendresse qui brisait les obstacles et qui se répandait largement. Toutes les affections, toutes les adorations amassées trouvèrent une issue dans cette sorte de confession. Ce misérable qui étouffait de passion se laissa aller à respirer et à tout dire; il n'avait même pas conscience de ce débordement qui se faisait en lui; il s'abandonnait à la force intérieure qui l'emportait, il vidait son âme, parce qu'il suffoquait trop cruellement et qu'il avait besoin d'air.

Lorsqu'il se sentit plus calme, il s'arrêta. Il ne relut même pas ce qu'il venait d'écrire.

Il avait évité de se désigner clairement, et il ne signa pas.

Le lendemain, il fit remettre la lettre à Jeanne. Il ne savait quel en serait l'effet; il espérait vaguement.

XIII

Daniel écrivait à Jeanne :

« Pardonnez-moi, je ne puis me taire, il faut que je vide mon cœur. Vous ne me connaîtrez jamais. C'eſt ici l'aveu d'un inconnu qui eſt lâche, qui n'a pas le courage de vous aimer sans vous le dire.

« Je ne demande rien, je souhaite seulement que vous lisiez cette lettre afin que vous sachiez qu'il y a là, dans l'ombre, un homme à genoux qui pleure quand vous pleurez. Les larmes sont plus douces lorsqu'elles sont partagées. Moi qui sanglote seul, je sens combien la solitude eſt rude pour les cœurs endoloris.

« Je ne veux pas être consolé, je consens à vivre dans mes amertumes ; mais je voudrais faire de votre vie une félicité éternelle, et vous donner la paix suprême des amours généreuses.

« Et je vous écris que je vous aime, que vous n'êtes pas seule, qu'il ne faut pas désespérer.

« Vous ne connaissez pas les voluptés amères du silence et de l'ombre. Il me semble que j'aime au delà de la vie, et que vous êtes à moi, rien qu'à moi, dans l'immensité bleue du rêve. Et personne ne pénètre mes joies; je garde en avare mon amour, je suis seul à vous aimer et seul à savoir que je vous aime.

« Vous m'avez paru triste et fiévreuse, l'autre soir. Et je ne puis travailler à votre bonheur, je ne suis rien pour vous, je n'ose vous supplier de vivre dans le songe que je fais. Montez plus haut, plus haut encore; dites-vous que vous ne me verrez jamais, et aimez-moi.

« Et là-haut vous trouverez le monde où je vis.

« J'ai mis mes deux mains sur mon cœur, j'ai tenté de l'étouffer. Mon cœur n'a pas voulu cesser de battre. Alors je me suis agenouillé devant vous comme devant une sainte, je vous ai adorée dans une extase recueillie.

« Je ne sais plus pourquoi j'étais né. J'étais né pour vous aimer, pour vous crier mon amour, et je dois me taire, me taire à jamais. Je voudrais être un des objets qui vous servent; mon dévouement aveugle ne peut empêcher vos larmes et me conduit à la passion folle et emportée.

« Je pleure, voyez-vous, je pleure de honte et de douleur. Je sais que vous souffrez, que vous luttez contre vous-même. Moi je suis seul ici, je tremble d'angoisse, je frissonne à la pensée que vous allez peut-être ébranler la foi qui me tient à vos genoux. Vous comprenez, n'est-ce pas ? je frémis dans mon cœur, dans ma religion.

« Je vivais si heureux, là-haut, dans mes adorations muettes ! Il serait si bon d'y monter tous deux, de nous aimer au fond du néant !... »

Et Daniel continuait de la sorte, répétant les idées et les phrases, poussé par la fièvre qui le secouait. Une seule pensée emplissait sa tête : il aimait Jeanne, et Jeanne allait en aimer un autre. Sa lettre ne contenait que cette pensée, énoncée sous toutes les formes, au milieu des supplications les plus ardentes. C'était un acte de foi et d'amour, un cri d'adoration et de dévouement.

Jeanne avait parfois reçu des billets parfumés, dans lesquels des messieurs quelconques se mettaient à ses pieds. D'ordinaire, dès les premières lignes, elle jetait ces déclarations, qui ne la faisaient pas même rire. La lettre de Daniel lui arriva au milieu de ces tristesses accablantes du réveil, lorsque l'âme souffrante s'effraye de revoir la lumière et de reprendre pour un jour son angoisse au point où elle l'a laissée la veille. La jeune femme éprouva une émotion profonde à la lecture des premières phrases ; le papier tremblait dans ses mains, et des larmes montaient à ses yeux.

Elle ne s'expliqua pas l'étrange sensation de douceur et de paix qui s'empara de tout son être. Elle lut jusqu'au bout, charmée et frissonnante, oubliant ses devoirs d'épouse, ne se demandant pas si elle faisait bien ou mal.

C'eſt que cette lettre vivait entre ses mains. Elle lui parlait enfin le langage de la passion, elle lui ouvrait les horizons larges de l'amour. Jeanne ne lisait pas, elle croyait entendre cet amant inconnu lui crier ses tendresses d'une voix haletante, coupée de sanglots. Ce papier était pour elle comme taché de sang et de larmes, et elle sentait un cœur battre dans chaque phrase, dans chaque mot.

Un frisson chaud traversa sa poitrine, elle fut emportée loin de la terre. Son âme répondait à cet appel venu d'en haut. Elle montait dans ce monde calme et religieux d'où lui arrivait la voix de Daniel. Elle eut conscience des affections sublimes; sa nature d'amante se révéla entièrement, et elle s'éleva, elle s'épura ainsi dans la religion des tendresses et des dévouements infinis.

Elle était sauvée. Elle eut honte de ses lâchetés, elle se résolut à accepter cette solitude où elle ne serait plus seule. Une fièvre généreuse l'avait prise, et il lui semblait qu'il y avait autour d'elle un souffle ami qui passait sur son front avec de tièdes caresses. Partout, elle aurait maintenant une pensée qui l'accompagnerait, qui la soutiendrait dans ses défaillances. On pouvait la faire pleurer, ses larmes ne viendraient plus du cœur, car maintenant elle sentait là, dans sa poitrine, une paix suprême, une espérance éternelle.

Et elle se disait avec une joie délirante qu'elle était aimée, que son cœur ne mourrait pas de lassitude et de dégoût. Le monde lui paraissait bien loin, à cette heure. Elle voyait dans une sorte de nuit ces hommes en habits noirs qui passaient dans son salon comme des pantins siniſtres. Elle était toute à sa vision, à la pensée de cet amant qui pleurait loin d'elle et qui lui jetait des paroles si passionnées et si consolantes.

Ce amant n'avait pas de corps. L'idée pure emplissait Jeanne. Elle le contemplait dans le rêve, elle n'arrêtait pas les contours de cette chère âme. Pour elle, il n'était encore que l'amour, la paix, le dévouement. Il était venu comme un souffle qui l'avait soulevée dans la lumière, et elle se laissait emporter, sans chercher à connaître la force qui l'enlevait ainsi en plein ciel.

Daniel, pendant huit grands jours, n'osa

retourner chez Lorin. Il se faisait mille chimères, il craignait de retrouver Jeanne fiévreuse, et il se disait qu'il n'aurait plus alors qu'à mourir.

Il se décida enfin. Georges se fit une fête de l'accompagner. Cette fois, ils eurent la bonne fortune de choisir un jour où Jeanne se trouvait seule. Lorin avait été appelé en Angleterre par certaines affaires qui l'inquiétaient. La jeune femme les reçut dans un petit salon bleu, avec des sourires clairs et une cordialité charmante.

Dès le premier regard, une joie immense avait pénétré le cœur de Daniel. Jeanne lui était apparue transfigurée, ayant des lueurs idéales autour de la tête. Elle portait une robe de cachemire blanc, et se tenait debout, avec le visage recueilli et paisible d'une sainte. Ses lèvres ne tremblaient plus de fièvre. On sentait que la paix s'était faite dans cette âme. La jeune femme semblait plus grande, comme soulevée par les élans de son cœur.

Elle était devenue douce et caressante. Elle retint longtemps les deux amis, les mit à l'aise, et ils eurent à eux trois une de ces bonnes causeries qui rendent les heures si rapides.

Daniel comprit qu'il n'avait pas été reconnu. Il jouit alors librement du visage apaisé de Jeanne. Il devinait des caresses pour l'amant inconnu dans les inflexions de sa voix, il surprenait les flammes douces de ses regards, et il goûtait des voluptés étranges dans les signes de cet amour qui lui appartenait.

Il se jurait de se contenter de ce spectacle consolateur. La réalité l'effrayait; l'idée de se faire connaître lui donnait des sueurs froides, car il redoutait que Jeanne, alors, n'aimât plus, et qu'elle fût rendue à ses pensées mauvaises.

Mais tout cela était loin. Il s'oubliait dans l'heure présente. Jeanne se trouvait là, devant lui, bonne et charmante, pleine du rêve radieux qu'il lui avait envoyé, et il se perdait dans sa contemplation. Un instant l'extase lui vint, et, perdant le sentiment du réel, il fut sur le point de se mettre à genoux.

Georges était charmé, lui aussi. La jeune

femme causa particulièrement avec lui. Daniel craignait, en parlant, de sortir du songe qu'il faisait. Tandis qu'il demeurait silencieux et recueilli, Jeanne queſtionnait Georges sur ses travaux, et une vive sympathie naissait entre eux.

Il fallut enfin quitter le petit salon bleu. Les deux amis promirent de revenir. Tous deux laissaient leur cœur dans ce coin doux et discret.

Pendant trois mois, Daniel mena une existence pleine d'émotions divines. Il marchait comme dans un rêve; il vivait ailleurs, plus haut et plus loin. Tous ses emportements s'en étaient allés; il ne sanglotait plus, il ne souhaitait rien, il n'avait que le désir de reſter toujours dans ce calme suprême d'un amour ignoré et satisfait.

Il n'avait pu résiſter au besoin d'écrire de nouveau à Jeanne, et ses lettres étaient maintenant d'un apaisement tendre. « Vivons ainsi, lui disait-il; que je sois simplement pour vous ce que l'homme eſt devant la divinité : une prière, une adoration, un souffle humble et caressant. » Puis il lui montrait le ciel ouvert, il la détournait de la terre ingrate.

Jeanne obéissait à cet ange gardien qui s'était pris d'amour pour une mortelle. Elle l'acceptait toujours comme un être invisible qu'elle ne devait pas connaître. Elle était encore dans cette extase de l'affection qui se suffit à elle-même.

Daniel se rendait souvent chez la jeune femme, et il prenait des jouissances infinies dans l'étrange situation qu'il s'était créée. Après chaque nouvelle lettre, il allait lire sur le visage de Jeanne les émotions qu'elle avait éprouvées.

Il étudiait avec ravissement les progrès que l'amour faisait en elle. Il ne songeait pas au réveil. Elle l'aimait, elle était pleine de lui, et cela lui suffisait. S'il se nommait, s'il déchirait le voile, elle reculerait peut-être. Le pauvre garçon était toujours l'enfant timide, d'une sensibilité exquise, qui craignait le grand jour; le seul amour qui lui convînt se trouvait être cet amour secret qui ne l'obligeait point à frissonner et à baisser les yeux.

Il priait maintenant Georges de l'accompagner chez Jeanne. Il n'osait plus rester seul avec elle; il aurait bégayé et se serait mis à rougir, croyant que la jeune femme lisait en lui. Puis, lorsque Georges était là, il pouvait s'isoler; son ami s'entretenait avec Jeanne, tandis qu'il rêvait son amour.

Pendant ces trois mois, Georges, tout en résistant, se laissa aller à aimer la jeune femme avec cette passion fougueuse des natures réfléchies.

Il ne voulut pas avouer sa défaite, il cacha l'état de son cœur à tout le monde, même à Daniel, surtout à Jeanne. Lorsqu'il découvrit la vérité, il n'était plus temps de fuir. Alors il s'abandonna, il n'eut pas le courage de se sevrer de son premier amour; il continua à venir dans le petit salon bleu, passant là des heures délicieuses, n'osant se demander quel serait le dénoûment.

Parfois Jeanne le regardait en face, d'une façon étrange. Elle semblait vouloir pénétrer jusqu'au fond de son être et y chercher une pensée cachée. Sous ce regard interrogateur, il se troublait, et il voyait alors passer sur les lèvres de la jeune femme l'ombre d'un sourire tendre et discret.

Un jour, comme les deux amis se présentaient chez elle, ils apprirent une triste nouvelle. Lorin venait de mourir subitement à Londres. Ils s'en revinrent, émus et inquiets. Ils ne pouvaient pleurer Lorin ; ils songeaient que le petit salon bleu allait leur être fermé. Cette mort, qui rendait la liberté à la femme qu'ils aimaient tous deux, leur donna plus de crainte que d'espérance : ils se trouvaient si bien comme ils étaient, qu'ils redoutaient tout changement apporté aux habitudes de leur cœur.

Aucune confidence ne fut échangée entre eux. Ils menaient une vie commune ; mais, maintenant, ils avaient chacun leur secret, et ils remettaient à plus tard leur confession mutuelle.

Ils laissèrent passer quelques semaines, puis ils se hasardèrent à retourner chez Jeanne. Rien ne leur parut changé. La jeune femme était un peu pâle ; elle les reçut avec sa cordialité habituelle et se montra seulement plus réservée à l'égard de Georges. Ce jour-là, ce fut Daniel qui se trouva forcé de causer.

Pendant plusieurs mois, il s'abſtint d'écrire. Il apprit que Lorin, à la suite d'opérations désaſtreuses, laissait sa femme presque ruinée.

M. de Rionne, qui vivait chez sa fille en parasite, fut enchanté de la mort de son gendre. Il avait fini par concevoir une irritation sourde contre Lorin, qui tenait à deux mains sa fortune; il ne put jamais en arracher un sou, et il ne trouvait chez lui que le toit et la table.

Quand Lorin fut mort, il demanda carrément de l'argent à Jeanne. Jeanne lui abandonna volontiers les débris de cette fortune qui lui pesait; elle ne garda que le ſtriƈt nécessaire, plaça le reſte et en servit la rente à son père. M. de Rionne aurait voulu la somme entière, et il ne se résigna qu'à contre-cœur à vivre tranquille, selon le désir de sa fille. Cet homme faisait une trop bonne fin.

Daniel, qui eut connaissance de ces détails, en aima Jeanne davantage. Elle grandissait chaque jour devant ses yeux; il s'applaudissait de voir enfin le vœu de la morte accompli. Un soir, comme la fièvre le reprenait, il écrivit de nouveau.

Il fut tout épouvanté de recevoir, le lendemain, un billet de Jeanne, qui l'appelait auprès d'elle. Il sortit sans prévenir Georges, et il fit le chemin comme un fou, la tête pleine de bourdonnements.

La jeune femme ne logeait plus dans le vaste appartement qu'elle avait occupé avec son mari. Elle demeurait maintenant au deuxième étage d'une maison d'apparence modeste. Elle reçut Daniel dans une petite pièce claire, humblement meublée.

Elle ne s'aperçut même pas de son air effaré. Il suffoquait, sans pouvoir trouver une parole.

Quand elle l'eut fait asseoir :

— Vous êtes mon meilleur, mon seul ami, lui dit-elle avec une familiarité touchante. Je regrette d'avoir longtemps ignoré votre excellent cœur. Me pardonnez-vous?

Et elle lui prit la main, le regardant avec des yeux humides. Puis, sans lui laisser le temps de répondre :

— Vous m'aimez, je le sais, reprit-elle. J'ai

un secret à vous confier, et un service à vous demander.

Daniel devint tout pâle. Sa misérable gaucherie allait le reprendre. Il s'imagina que la jeune femme avait tout deviné, et qu'elle était sur le point de lui parler de ses lettres.

— Parlez, balbutia-t-il d'une voix étranglée.

Jeanne rougit légèrement, hésita, et, d'un ton rapide :

— Je reçois des lettres depuis plusieurs mois, dit-elle. Vous devez savoir qui me les écrit. J'ai compté sur vous pour me dire la vérité.

Daniel sentit qu'il allait tomber, et il s'appuya sur le dossier d'une chaise. Un flot de sang brûlant était monté à sa face.

— Vous ne répondez pas, continua la jeune femme, vous ne voulez point livrer la confidence d'un ami... Eh bien! je parlerai alors : ces lettres sont de M. Georges Raymond... Ne dites pas non. Je sais tout. J'ai lu son amour dans ses regards; j'ai cherché autour de moi, et je n'ai trouvé que lui qui pût m'écrire ainsi.

Elle s'arrêta, toute rose, cherchant les mots. Daniel, écrasé, la regardait avec des yeux hagards.

— Je vous considère comme mon frère, dit-elle d'une voix plus lente. J'ai voulu me confesser à vous. Votre ami m'a encore écrit hier. Il ne faut pas qu'il continue, car ses lettres sont inutiles maintenant. Je vous le répète, je sais tout; ce jeu deviendrait cruel et ridicule. Dites à votre ami qu'il vienne... venez avec lui.

Et ses regards émus achevèrent son aveu. Jeanne aimait Georges.

Daniel, glacé par un frisson froid qui courait dans sa chair, avait retrouvé subitement un calme étrange et siniftre. Il lui semblait que son âme s'en était allée et que son corps continuait à vivre.

D'une voix tranquille, il causa de Georges avec Jeanne, il s'engagea à remplir ce rôle de frère qu'elle lui confiait.

Puis il se trouva dans la rue, il rentra chez lui. Alors la bête humaine se réveilla au fond de son être et il eut une crise effrayante de désespoir et de folie.

Daniel se révoltait enfin. Sa chair criait, son cœur refusait le sacrifice. Il ne pouvait se décider à s'en aller ainsi; il s'était toujours effacé, il avait vécu dans l'ombre, il avait plié son être, se condamnant au silence. Il lui fallait une suprême récompense, il ne se sentait pas la vertu de se dévouer encore, de mourir sans se révéler, sans crier ses amours et ses abnégations.

Eh quoi! il avait pu se duper à ce point. Il en ricanait de rage et de honte. Pendant de longs mois, il avait joui en égoïste d'un amour qui ne lui appartenait pas, il s'était perdu dans la contemplation et dans l'adoration de Jeanne, et le cœur de Jeanne se trouvait alors plein de la pensée d'un autre. Il se revoyait dans le petit salon bleu, étudiant avec volupté le visage de la jeune femme, prenant pour lui les regards affectueux et les tendres sourires; il se rappelait ses extases, ses espérances, ses confiances sans bornes.

Mensonge tout cela, jeu cruel, duperie terrible! Les regards affectueux, les tendres sourires étaient pour Georges; c'était lui que Jeanne aimait, c'était lui qui la rendait douce et bonne. Elle l'avait bien dit : « J'ai cherché autour de moi, et je n'ai trouvé que Georges qui pût m'écrire et m'aimer ainsi. » Lui, Daniel, il n'exiſtait pas; il était venu là pour jouer le rôle d'un fou imbécile. On lui avait volé son dévouement, volé son amour; on le dépouillait encore, et il ne lui reſtait rien, rien que les larmes et l'éternelle solitude.

Et c'était lui que Jeanne choisissait pour confesser ses tendresses, c'était lui qu'elle chargeait de la donner à un autre. Il lui fallait encore cette souffrance, cette moquerie atroce. On croyait donc qu'il était trop laid et trop misérable pour avoir un cœur à lui ; on se servait de son être comme d'une machine dévouée, on ne doutait même pas que cette machine pût vivre et aimer pour elle.

Ainsi, il ne vivrait jamais, il ne serait jamais aimé d'amour. La pensée de madame de Rionne se trouvait loin, à cette heure. Daniel était las de son rôle d'ange gardien. Toujours frère, jamais amant : cette idée battait dans sa tête.

La crise dura longtemps. Le coup avait été

trop terrible, trop imprévu. Daniel n'aurait pu croire que Georges et Jeanne s'entendissent ensemble pour le faire souffrir ainsi. Il n'aimait qu'eux au monde, et voilà que ses deux tendresses le torturaient. Il était si heureux la veille ! Cette année qui venait de s'écouler lui avait donné les seules joies qu'il dût goûter en ce monde. On le poussait de haut, et il s'écrasait en tombant. Il se disait que les mains qui le précipitaient ainsi étaient les mains de Georges et de Jeanne.

Il s'apaisait par inftants, puis les sanglots l'étouffaient de nouveau, la révolte l'emplissait et des pensées de crime montaient à son cerveau, chaudes et tumultueuses. Il se débattait sous l'horrible cataftrophe, il se demandait ce qu'il allait faire ; il y avait dans son être une bête furieuse qui bondissait, cherchant une issue, qui tournait avec rage sur elle-même, ne sachant sur qui s'élancer.

Alors une honte immense le prenait ; il s'affaissait, inerte, pleurant des larmes plus douces. Sa chair se taisait, et il entendait les battements lents et mélancoliques de son cœur. Son cœur se plaignait à voix basse, attendant que la crise du sang et des nerfs fût passée.

Daniel ferma la fenêtre; le jour le blessait. Puis, dans la nuit, dans le silence, il resta immobile, les yeux grands ouverts sur les ténèbres. Il était là, froid et tranquille; les larmes ne coulaient plus sur ses joues, ses frissons de fièvre s'en étaient allés. Il laissa le sublime apaisement se faire en lui.

Nul ne pourrait analyser ce qui se passa alors dans cette créature. Daniel s'arracha de l'humanité et remonta dans sa sphère d'amour infini et absolu. Il retrouva là-haut toutes les bontés, tous les dévouements, toutes les abnégations. Une grande douceur le pénétrait peu à peu; il lui semblait que sa chair devenait plus légère et que son âme le remerciait de la dégager ainsi. Il ne réfléchissait pas, il se laissait aller, car il comprenait que le ciel entrait en lui et y accomplissait une œuvre sainte.

Et, quand l'œuvre fut accomplie, Daniel se mit à sourire tristement. Il était mort de nouveau à toutes les folies de ce monde. Il comprit que la chair était vaincue et que l'âme ne tarderait pas à s'envoler.

Il éprouvait maintenant un calme suprême. La pensée de sa bonne sainte était revenue ; il se sentait prêt à remplir son dernier vœu. Le dévouement lui paraissait une autre forme de l'amour, plus sereine et plus haute. Ses yeux profonds et clairs voyaient nettement les faits, son cœur le poussait à en finir, à consommer le sacrifice.

Il se leva et alla trouver Georges.

Il l'aborda avec un bon sourire, et sa main ne trembla pas en serrant la main de son ami. Rien ne parlait plus dans sa chair meurtrie. Il était tout âme.

Il savait que Georges aimait Jeanne avec passion. Le voile s'était déchiré, et il avait eu conscience de mille petits faits dont le sens lui échappait autrefois. Il parla en toute certitude, d'une voix paisible et affectueuse. Il venait lui-même achever de tuer son amour.

— Mon ami, dit-il à Georges, je puis te confesser maintenant le secret de ma vie.

Et il lui conta son histoire de dévouement

d'un ton simple et tranquille. Il lui dit qu'il avait été le père, le frère de Jeanne. Il lui rappela les circonſtances dans lesquelles il avait cru devoir garder le silence, ses absences soudaines pendant leur séjour à l'impasse Saint-Dominique-d'Enfer, son rôle de secrétaire chez Tellier, ses souffrances lors du mariage de sa chère fille avec Lorin. Il expliqua tout par sa reconnaissance pour madame de Rionne; il se donna comme un gardien désintéressé, comme un protecteur qui accomplissait sa tâche sans faiblesses humaines.

Puis, avec une gaieté attendrie :

— Aujourd'hui, continua-t-il, ma mission eſt remplie. Je vais marier ma fille, je vais la donner à un cœur digne et excellent, et je n'aurai plus qu'à me retirer... Devines-tu qui j'ai choisi ?

Georges, qui avait écouté son ami avec une émotion profonde, fut pris d'un tremblement de joie. Il croyait comprendre.

— Achève la tâche, reprit Daniel. Donne-lui toutes les félicités et toutes les paix. Je te lègue ma mission. Tu aimes notre chère Jeanne, c'eſt toi qui dois apaiser et consoler l'âme de la pauvre morte... Ma fille t'attend.

Georges se jeta dans ses bras. Il ne pouvait parler. Daniel lui semblait être réellement le père de la jeune femme, et il le considérait avec admiration et respect, car il sentait en lui un souffle plus qu'humain.

Daniel fut étonné de ne pas souffrir davantage. Il trouvait de la douceur dans son mensonge sublime. Il parla à Georges des lettres qu'il avait adressées à Jeanne; mais il en parla vaguement, oubliant lui-même ce qu'il avait écrit. Son cœur ne battait plus avec emportement; il voulait laisser dormir sa passion, et il écartait la pensée de ces pages brûlantes dont il n'avait plus même conscience.

Georges ne soupçonna rien. Il se livra à une joie d'enfant. Son ami était trop affectueux et trop calme pour qu'il pût se douter de la terrible crise qui venait de le secouer. Il avait foi en lui, il l'acceptait comme le frère dévoué de sa bien-aimée Jeanne.

Alors, il parla avec adoration de la jeune femme. Il jura à Daniel de la rendre heureuse, et lui fit un tableau brûlant des félicités qu'il allait goûter avec elle. Il insiſta sur son bonheur, le dépeignit en termes passionnés, parla comme un enfant et comme un amoureux. Daniel écoutait en souriant. Il lui avait pris un léger frisson, mais sa chair avait été vaincue de nouveau par la douceur qu'il sentait en lui.

Il craignit cependant de n'avoir pas la force d'assiſter au sacrifice. Quand ils eurent causé longtemps :

— Maintenant que tout eſt fini, dit-il à Georges, je vais aller me reposer un peu. Je retourne à Saint-Henri.

Et, comme Georges se récriait, voulant qu'il prît part à son bonheur, il ajouta :

— Non, je vous gênerais. Les amoureux aiment à être seuls. Laisse-moi partir. Vous viendrez me voir plus tard. Je viendrai moi-même.

Le lendemain il partit. Il se sentait dans la poitrine une grande faiblesse, et tout son être s'anéantissait dans un malaise d'une volupté douce.

XIV

Lorsque Daniel ne fut plus là, Georges, sans se l'avouer, respira plus librement. Il se trouvait seul avec son amour, seul avec Jeanne; il lui semblait qu'il était tout à la fois son amant et son frère, maintenant qu'elle n'avait plus personne qui veillât sur elle. Il prit une sorte de volupté à ne pas aller tout de suite se jeter à ses genoux; pendant deux jours, il se défendit de la voir, il rêva les premières paroles qu'il lui adresserait et le premier regard qu'elle aurait pour lui.

L'entrevue fut timide et charmante. Ils aimaient tous deux pour la première fois. Ils étaient pleins d'un embarras délicieux qui leur fit, pendant dix grandes minutes, échanger des banalités. Puis leurs cœurs s'ouvrirent, et ils en arrivèrent aux niaiseries adorables des amants.

Tout fut réglé dans cet entretien. Jeanne, qui allait finir son deuil, voulut différer encore le mariage de plusieurs mois. Georges se montra doux et obéissant. Il éprouva une grande joie, lorsque la jeune femme lui dit qu'elle n'avait aucune fortune; il n'aurait pu accepter l'argent de Lorin. Le nom de cet homme ne fut d'ailleurs pas prononcé.

Comme Daniel était loin d'eux! Ils en parlèrent un inftant, ainsi qu'on parle d'un ami absent dont on ne reverra peut-être jamais le visage. Ils avaient l'égoïsme de l'amour; ils étaient tout au présent et à l'avenir.

Pendant près de six semaines, ils vécurent dans cette extase attendrie. Ils s'aimaient, et cela leur suffisait. Ils ne songeaient même pas aux circonftances qui les avaient rapprochés; ils s'abandonnaient à la joie de se voir, au rêve de leur vie future.

Un jour, Jeanne, en rougissant, parla à Georges des lettres qu'il lui avait écrites.

C'était un souvenir du passé qui lui revenait en plein bavardage d'amour.

Georges, à ses queſtions, éprouva une sorte de choc qui le frappa au cœur. Il se mit à pâlir sans savoir pourquoi. L'image de Daniel se dressa brusquement devant lui. Il ne répondit pas et regretta de n'avoir pas interrogé son ami sur cette correspondance qui faisait ainsi rougir la jeune femme.

Elle insiſta, elle lui rappela certains passages, elle cita même des phrases entières. Georges eut un soupçon terrible. Il lui demanda si elle avait conservé les lettres. Elle se mit à sourire et les lui apporta.

— Les voici, dit-elle. Vous m'aimez tant aujourd'hui, que vous ne vous souvenez plus sans doute de m'avoir aimée autrefois... Écoutez.

Et elle lut une page passionnée. Georges la regardait d'un air de folie qui la faisait rire. Alors il prit les lettres, et, fiévreusement, les parcourut. Il comprit tout.

Daniel avait fui comme un maladroit. Il ne songeait même pas qu'il laissait derrière lui les preuves de sa passion et de son dévouement. Dans la crise de désespoir qu'il avait subie, il s'était fait des ombres dans son intelligence. Une seule pensée l'emplissait au départ, celle d'être calme et de se sacrifier.

Georges lisait enfin jusqu'au fond de ce brave et noble cœur. Il tenait dans ses mains le secret entier. Il se roidit contre la souffrance, il ne voulut pas être lâche devant cette révélation de sublime courage. Son cœur saignait, son amour criait dans sa poitrine; il lui imposa silence et resta digne du dévouement de Daniel.

Il prit la main de Jeanne, et, d'une voix profonde :

— Nous prétendons nous aimer, et nous ne sommes que des enfants, dit-il. Nous n'avons pas encore eu une pensée pour l'homme qui nous a donnés l'un à l'autre. Il pleure loin de nous, et nous sommes ici à passer des heures tendres, dans nos égoïsmes d'amants. Il faut que vous sachiez tout, Jeanne, car nous ne devons pas être des cœurs indignes et mauvais. Ces lettres viennent de m'apprendre la vérité... Écoutez l'hiſtoire de Daniel.

Et, simplement, il dit à Jeanne ce que son ami lui avait confié. Il lui conta cette vie généreuse, toute de sacrifice et de tendresse. Il lui montra Daniel à genoux devant le lit de sa mère. Et alors la jeune femme se mit à pleurer. Elle eut conscience de ses cruautés, elle revit dans le passé ce gardien qui l'avait soutenue à chaque heure périlleuse de sa vie.

Mais Georges parlait toujours, racontant avec émotion le long martyre. Il appuyait sur chaque détail, il étalait à nu les misères et les souffrances de la pauvre créature. C'étaient les douze années de solitude et d'adoration, pendant que Jeanne se trouvait au couvent; c'étaient l'abnégation entière et complète, l'emploi chez Tellier, la surveillance jalouse au milieu des fièvres du monde, les promenades du Mesnil-Rouge. A mesure qu'il parlait, il s'éclairait lui-même, il s'expliquait tout, il devinait ce que son ami lui avait caché. Sa voix devenait tremblante et ses yeux se mouillaient.

Enfin Georges parla des lettres. Il avoua la vérité dans un sanglot. Il dépeignit l'amour de Daniel, il ouvrit devant Jeanne ce pauvre cœur saignant. Et c'étaient eux qui avaient brisé ce cœur sans le savoir. En récompense de ses dévouements, ils venaient de lui imposer un sacrifice suprême.

Lorsqu'il eut fini, Georges se sentit plus calme. Il releva la tête et regarda noblement la jeune femme, qui s'était dressée, frémissante et pâle.

Elle se rappelait la dernière conversation qu'elle avait eue avec Daniel, et elle était épouvantée des souffrances qu'elle avait dû lui causer. Elle venait de voir, comme dans un éclair aveuglant, la vie de ce pauvre être; elle se sentait une pitié immense, un besoin de se faire pardonner.

— Nous ne pouvons assister tranquillement à ce meurtre, dit-elle d'une voix rapide. Il faut savoir nous sacrifier, nous aussi. Nous serions malheureux, voyez-vous, si notre bonheur coûtait tant de larmes.

— Que voulez-vous faire? demanda Georges.

— Ce que vous feriez à ma place. Dictez-moi vous-même mon devoir.

Georges la regarda en face, avec une sérénité passionnée, et, doucement :

— Allons retrouver Daniel, dit-il.

Le soir, il reçut une lettre de son ami qui l'inquiéta. Cette lettre fiévreuse ressemblait à un dernier adieu. Daniel se trouvait, disait-il, légèrement indisposé; il cherchait à rire, et des plaintes adoucies lui échappaient malgré tout son courage.

Jeanne et Georges, effrayés, pressèrent leur départ.

Daniel, en quittant Paris, comprit qu'il en avait fini avec la douleur. Un accablement doux s'empara de lui pendant le voyage. Il ne souffrait plus, ses pensées elles-mêmes flottaient dans une sorte de crépuscule vague et réparateur. Il tomba presque en enfance, ayant des sourires naïfs et insouciants. Son être était brisé; il s'affaiblissait, il s'abandonnait avec joie à l'engourdissement qui le prenait.

En arrivant à Saint-Henri, il loua son ancienne chambre, celle où son pauvre cœur avait tant saigné. Il ouvrit la fenêtre et regarda la mer; la mer, par un effet étrange, lui parut toute petite : c'eft qu'il sentait en lui un vide plus immense encore. Il écouta le bruit des vagues, et il lui sembla qu'elles battaient les rochers avec des bruits de tonnerre : la passion ne grondait plus dans ses veines, et il entendait les flots dans le grand silence de son être.

Il recommença ses promenades sur la côte; mais il se traînait maintenant, il sentait le souffle lui manquer à chaque pas. Il fut tout étonné de trouver les horizons changés; il croyait par inftants marcher dans une contrée lointaine et inconnue. Il n'était plus le cœur ardent qui jetait ses sanglots au vent de la mer, il n'animait plus l'immensité bleue de ses fièvres, et les horizons prenaient à ses yeux les langueurs douces qui le pénétraient.

Bientôt il lui devint impossible de sortir. Il refta à la fenêtre des journées entières, regardant la mer. Il se prit d'un nouvel amour pour les vagues; il les regardait avec passion, et il savait qu'elles hâtaient sa mort, car leurs bruits sourds et plaintifs frappaient dans sa poitrine à le faire crier. Il se perdait dans la contemplation de l'infini bleu, l'infini des eaux et l'infini du ciel. Cette grande pureté sans tache charmait ses délicatesses de malade. Rien ne blessait ses regards affaiblis dans ce large trou d'azur qui lui semblait s'ouvrir sur l'autre vie; au fond, il voyait parfois des lueurs éclatantes dans lesquelles il aurait voulu s'anéantir.

Puis il dut garder le lit. Il n'eut plus devant les yeux que le plafond gris. Toute la journée, il regardait ce plâtre dur et froid. Il lui sembla qu'il était mort déjà et qu'il se trouvait couché dans la terre.

Alors, il fut pris de tristesse. Dans le silence et la solitude, les souvenirs s'éveillèrent. Il se rappela la vie, il ferma les yeux, et toute son existence passa devant sa mémoire. Dès lors, il n'aperçut même plus le plafond, il regarda en lui. Ce furent des heures sans amertume, car il ne trouva aucun remords dans sa conscience; il goûta des félicités suprêmes à se dire qu'il avait bravement accompli sa tâche.

Ses rêveries lui présentaient toujours les visages souriants et affectueux de Georges et de Jeanne. Ce spectacle, loin de lui rendre ses angoisses, le consolait et le charmait. Il se disait que leur bonheur était son œuvre; il s'en allait, heureux d'avoir uni à jamais les seuls êtres qu'il aimât au monde.

Dans les clairvoyances de la mort, sa mission lui apparaissait telle qu'elle avait dû être. Il comprenait qu'il accomplissait à la lettre le vœu de la morte. A cette heure dernière, il sentait que son amour lui-même entrait dans sa tâche. Il n'aurait pas veillé sur Jeanne avec un soin si jaloux et si ardent, s'il ne l'avait aimée. Sans doute, à son lit de mort, madame de Rionne prévoyait l'avenir; elle se disait que Daniel aimerait sa fille, qu'il la garderait en père et en amant, et que, lorsqu'il le faudrait, il saurait se sacrifier et mourir.

Un jour, un doute s'empara de Daniel. Il faillit retomber dans ses angoisses. Il se demanda si sa bonne sainte n'avait pas eu une pensée secrète, si elle ne lui avait pas donné Jeanne comme fille et comme épouse. Peut-être ne remplissait-il pas ses derniers désirs en mourant, en mariant sa chère fille à un autre que lui. Son cœur se mit à battre, il sentit la vie rentrer doucement dans son être. Mais il comprit que cette pensée était une pensée lâche, un dernier cri de sa passion. Il eut un sourire mélancolique, il se rappela sa laideur, il se répéta qu'il était né pour toujours aimer et pour n'être jamais aimé. Il avait agi sagement, il avait eu du courage et de la raison. Et le silence se fit de nouveau en lui ; il mourait grand et victorieux, calme et souriant.

Il s'affaiblissait d'heure en heure. La fin approchait. Un matin l'agonie le prit. Une vieille voisine vint s'établir près de son lit, pour lui fermer les yeux, quand il expirerait.

Daniel n'avait pas une parole de plainte. Il entendait encore le bruit des vagues ; il se disait que la mer pleurait sur lui, et cette consolation lui suffisait.

Comme il ouvrait les yeux pour voir une dernière fois la lumière, il aperçut devant sa couche Georges et Jeanne qui le regardaient en sanglotant. Il ne fut pas étonné de les trouver là ; il sourit et leur dit d'une voix faible :

— Que vous êtes bons d'être venus ! Je n'osais espérer de vous dire adieu... Voyez-vous, je ne voulais pas vous déranger ni vous attrister dans votre félicité... Mais je suis bien heureux de vous voir et de vous remercier.

Jeanne le contemplait avec une émotion profonde. Elle regardait cette tête pâle que la mort rendait belle d'une étrange beauté. Il lui semblait qu'il y avait une auréole autour de ce front large ; les yeux se creusaient dans une limpidité tendre, les lèvres souriaient divinement. Et la jeune femme pensa qu'elle n'avait jamais compris ce visage où elle lisait une noblesse et une affection si hautes.

— Daniel, demanda-t-elle d'une voix douce, pourquoi nous avez-vous trompés?

Le moribond se leva à demi. Il regarda ses chères tendresses d'un air de reproche.

— Ne dites pas cela, Jeanne, répondit-il, je ne puis vous comprendre.

— Nous savons tout... Nous ne voulons pas que vous mourriez; nous venons vous apporter le bonheur.

— Alors, si vous savez tout, ne gâtez pas mon œuvre.

Et Daniel se laissa aller sur l'oreiller. Le peu de sang qui lui restait venait de monter à ses joues. Jusque dans la mort, il restait l'enfant sauvage et solitaire, aux abnégations cachées, aux adorations muettes.

Georges s'avança.

— Écoute, mon ami, dit-il, par pitié, ne me laisse pas de remords. Nous avons vécu dix-huit ans ensemble; nous sommes devenus frères. Je ne veux pas que tu souffres... Tu le vois, je suis calme...

— Je suis encore plus calme que toi, mon pauvre Georges, reprit Daniel en l'interrompant et en souriant. Je vais mourir. Tout est bien fini, va... Je regrette maintenant que vous soyez venus, car je vois que vous n'allez pas être raisonnables. Vous dites que vous savez tout, et vous ne savez rien; vous ne savez pas que je meurs heureux et tranquille, que je suis bien content de finir ainsi, en vous regardant tous deux... C'est moi qui vous demande pardon, car j'ai eu des moments de lâcheté.

Et, comme Georges pleurait en entendant

ces paroles, il lui prit la main, et, à voix plus basse :

— Tu l'aimeras bien, n'eſt ce pas? lui dit-il; moi, je vais me reposer, car je suis las.

Il regarda alors Jeanne avec un sourire d'une gaieté tendre.

— Vous savez tout? continua-t-il. Alors vous savez que votre mère était une sainte et que j'adore sa mémoire à genoux. Vous étiez toute petite quand elle eſt morte, vous jouiez sur le tapis. Je me souviens. C'eſt moi qui vous ai prise dans mes bras, et vous n'avez pas pleuré, vous vous êtes mise à sourire...

— Pardonnez-moi, murmura Jeanne au milieu de ses pleurs, j'ai été ignorante et cruelle.

— Je n'ai rien à vous pardonner, je n'ai qu'à vous remercier des joies que j'ai goûtées en vous aimant... Ma reconnaissance n'a pu égaler le bienfait de votre mère. C'eſt vous qui avez été bonne en supportant une triſte créature comme moi. Que de longues et douces heures j'ai passées à vous regarder! Vous ne pouvez savoir. Vous m'avez largement récompensé, allez; je n'éprouve aucun regret, à cette heure, je meurs paisible et satisfait.

Ses yeux devenaient vagues, sa voix s'éteignait. Il allait expirer. Il regardait Jeanne avec extase, il s'anéantissait peu à peu dans une adoration dernière.

— Mais vous ne pouvez mourir ainsi! mais je vous aime! cria follement la jeune femme.

Daniel eut un brusque réveil. Ses yeux s'agrandirent, il se dressa sur son séant, et, d'une voix effrayée :

— Ne dites pas cela, reprit-il. Vous me faites mal, vous êtes méchante. Ayez pitié... Je veux m'en aller sans désespoir.

— Je vous aime, je vous aime! répétait Jeanne avec force.

— Non, cela ne peut être. Vous mentez; vous croyez que je souffre, et vous voulez me consoler. Je vous dis que je suis heureux, que je suis calme... Vous voyez bien que j'étouffe maintenant... Il ne fallait pas dire cela.

Il se calma, il sourit de nouveau. Une lumière blanche semblait sortir de son visage. Il avança ses pauvres bras amaigris.

— Venez ici, dit-il, tout près de moi... Donnez-moi vos mains, je le veux.

Et lorsque Jeanne et Georges furent devant lui, il prit leurs mains et les mit l'une dans l'autre. Il les tint ainsi serrées, jusqu'à ce que le sacrifice fût achevé, jusqu'à ce qu'il fût mort.

Et, comme il expirait, comme il était sur le seuil de l'infini, il entendit au fond de la lueur aveuglante dans laquelle il entrait une voix connue, une voix douce et joyeuse, qui lui disait : « Vous la mariez à un homme digne d'elle, et votre tâche eſt accomplie... Venez à moi. »

FIN

ESQUISSES PARISIENNES

—

LA VIERGE AU CIRAGE

I

Elle eft encore au lit, demi-nue, souriante, la tête renversée, et les yeux pleins de sommeil. Un de ses bras se perd dans ses cheveux; l'autre pend hors de la couche, la main ouverte.

Le comte, en pantoufles, debout devant une des fenêtres, soulève du doigt le rideau et fume un cigare d'un air absorbé.

Vous la connaissez tous... Elle a eu vingt ans hier, elle en paraît à peine seize. Elle porte au front la plus magnifique couronne que le ciel ait jamais accordée à un de ses anges, une couronne d'or bruni, une chevelure royale d'un blond fauve, épaisse et forte comme une crinière, douce comme un écheveau de soie. L'onde de feu ruisselle largement sur son cou ; chaque mèche à des révoltes superbes, se tord, s'allonge puissamment ; les boucles tombent drues et pressées, les tresses glissent et s'enroulent, la tête entière resplendit, pareille à une aurore éclatante et harmonieuse. Et, sous cet incendie, dans cette splendeur et cet éblouissement, apparaissent une nuque blanche et délicate, des épaules pâles, une poitrine laiteuse et transparente. Il y a d'irrésiftibles séduƈtions dans ce cou pur et tendre qui se montre discrètement au milieu de ces cheveux d'une insolente rougeur. Je ne sais quelle passion âpre vous prend à la gorge, lorsque le regard s'oublie à fouiller cette nuque aux lumières molles et blanchâtres, aux ombres dorées ; on y trouve de la bête fauve et de l'enfant, de l'impudeur et de l'innocence, une sorte d'ivresse étrange et malsaine qui secoue les entrailles et fait monter aux lèvres de terribles baisers.

Eſt-elle belle?... On ne sait : la face entière disparaît sous la chevelure. Elle doit avoir un front bas, des yeux minces et longs, presque gris; le nez eſt sans doute irrégulier, capricieux; la bouche, un peu grande, d'un rose pâle. Qu'importe, d'ailleurs? On ne saurait détailler ses traits, tracer le contour de son visage. Elle grise à la première vue, comme un vin puissant grise au premier verre. On ne voit qu'une tache blanche dans une auréole rouge, un sourire rose et un regard au reflet d'argent dans un rayon de soleil. La tête tourne, et on lui appartient trop déjà pour pouvoir étudier une à une ses perfeƈtions.

Elle eſt de taille moyenne, je crois, un peu grasse et lente dans ses mouvements. Elle a des mains et des pieds de petite fille. Tout son corps exprime une volupté mûre et paresseuse. Un seul de ses bras nus, plein et éblouissant, donne un vertige de désir. Elle eſt la reine des soirées de mai, la reine des amours féroces qui s'apaisent dans une nuit.

II

Elle repose sur son bras gauche, plié mollement. Elle va s'éveiller tout à l'heure. En attendant, elle soulève à demi les paupières, regardant, pour s'habituer au jour, le rideau bleu ciel de son lit.

Elle eft là, perdue au milieu de la dentelle de ses oreillers. Elle paraît abîmée dans la moiteur et dans la fatigue délicieuse du réveil; son corps s'étend blanc et inerte, à peine soulevé par une légère ondulation. On aperçoit des pâleurs rosées aux endroits où la batifte s'écarte. Rien n'eft plus riche ni plus exquis que cette couche et cette femme. Le cygne divin a un nid digne de lui.

La chambre à coucher eft une merveille, d'un bleu tendre, douce, discrète; les couleurs et les parfums y sont attiédis; l'air y eft languissant, agité de courts frissons. Les rideaux ont de larges plis paresseux, les tapis s'étendent sourds et muets. Le silence et la paix de ce temple, la douceur des lumières, la discrétion des ombres, l'ameublement simple et riche, d'une diſtinction suprême, font songer à une divinité qui unit toutes les grâces à toutes les élégances, âme d'artiſte et de duchesse vivant en plein ciel.

Certes, elle a été élevée dans des bains de lait. Ses membres délicats témoignent de la noble oisiveté de sa vie; cette couche et cette chambre révèlent les goûts exquis de sa nature. On se plaît à penser que son âme a toutes les blancheurs de son corps.

Le comte achève son cigare sans se retourner, vivement intéressé par la vue d'un cheval qui vient de s'abattre dans l'avenue des Champs-Élysées, et que l'on essaye en vain de remettre sur ses jambes. Imaginez-vous que la pauvre bête eſt tombée sur le flanc gauche et que le timon doit lui briser les côtes.

III

Au fond de la chambre, sur sa couche parfumée, la belle créature s'éveille peu à peu. Maintenant, elle a les yeux grands ouverts;

elle eſt reſtée affaissée, sans un mouvement. L'esprit veille, la chair sommeille. Elle songe.

Dans quelle sphère lumineuse vient-elle de monter? Quelles légions angéliques passent devant elle et mettent un sourire imperceptible sur ses lèvres? Quel projet, quelle œuvre d'innocence et de pureté agite son âme? Quelle première pensée, aube blanche de cette intelligence exquise, vient la surprendre au réveil?

Ses yeux grands ouverts regardent le rideau. Elle n'a point encore remué; elle eſt perdue dans son repos, et seules ses paupières frissonnent par inſtants. Longtemps elle caresse sa chimère.

Puis, brusquement, comme obéissant à un appel irréſiſtible, elle allonge les pieds et saute sur le tapis. La ſtatue s'eſt faite créature. Elle écarte de son front sa chevelure qui se tord toute flamboyante sur ses épaules de neige; elle ramène ses dentelles, met ses pantoufles de velours bleu, et croise les bras avec un geſte d'un charme indicible. Alors, demi-courbée, les épaules levées, faisant une moue d'enfant sournoise et gourmande, elle trotte à pas pressés, sans bruit, soulève une portière et disparaît.

Le comte jette son cigare en poussant un soupir de satisfaction. Le cheval de l'avenue vient d'être heureusement relevé; un coup de fouet a remis la pauvre bête sur pieds.

Le comte se tourne et voit le lit vide. Il le regarde un moment, s'avance avec lenteur, et, s'asseyant sur le bord de la couche, se met à son tour à contempler le rideau bleu ciel.

IV

Le visage de la femme est un masque d'airain; le visage de l'homme est comme une fontaine claire qui livre tous les secrets de sa limpidité.

Le comte regarde le rideau et se demande machinalement combien peut coûter le mètre de cette étoffe précieuse. Il additionne, il multiplie, par pure distraction, et arrive à un chiffre fort raisonnable. Puis, sans le vouloir, entraîné par la relation des idées, il évalue la chambre à coucher entière, et il trouve une somme, effrayante cette fois.

Sa main s'eft posée sur le lit, au bas de l'oreiller. La place eft tiède. Le comte oublie le temple pour songer à l'idole. Il regarde la couche, ce désordre voluptueux que laisse toute belle dormeuse, et, à la vue d'un fil d'or qui brille sur la blancheur de la toile, il se perd dans la pensée de cette femme douce et terrible.

Puis, deux idées se rapprochent et s'uniffent dans son esprit; il songe à la femme et à la chambre tout à la fois. Il trouve que l'une eft digne de l'autre. Sa pensée se complaît dans une longue comparaison entre la jeune fille et les meubles, les tentures et les tapis. Tout y eft harmonieux, nécessaire et fatal.

Ici, la rêverie du comte s'égare, et, par un de ces myftères insondables de la pensée humaine, il en arrive à songer à ses bottes. Cette idée que rien n'amène envahit soudain son esprit. Il se souvient que depuis trois mois environ, chaque matin, lorsqu'il sort de cette chambre, il trouve ses bottes admirablement nettoyées et cirées. Il se berce mollement dans ce souvenir.

La chambre eſt splendide, la femme eſt divine. Le comte regarde de nouveau le rideau bleu ciel et le fil d'or sur le drap blanc. Il s'approuve, il déclare qu'il a réparé une erreur de la Providence en mettant dans l'or et dans le satin cette reine de grâce que la fatalité a fait naître d'un égoutier et d'une portière, au fond d'une loge noire et sordide de la barrière Fontainebleau. Il s'applaudit d'avoir donné un nid sans tache à cette merveille pour la bagatelle de cinq ou six cent mille francs.

Le comte se lève et fait quelques pas. Il eſt seul, il se rappelle que, depuis trois mois, il a ainsi chaque matin un grand quart d'heure de solitude. Alors, sans curiosité, simplement pour marcher, il soulève la portière et disparaît à son tour, en quête de ses chères amours.

V

Le comte visite quatre ou cinq pièces et ne trouve personne.

Comme il revient sur ses pas, il entend dans un cabinet un bruit de brosse violent et continu. Pensant qu'une servante est là, et désirant la questionner sur l'absence de sa maîtresse, il pousse la porte et passe la tête. Il s'arrête sur le seuil, stupéfait, béant.

Le cabinet est petit, peint en jaune, avec une épaisse bande brune à hauteur d'homme. Il y a, dans un coin, un seau avec une grosse éponge; dans un autre, un balai et un plumeau. Un large vitrail jette une lumière crue sur la nudité de cette sorte d'armoire très-haute et très-étroite. L'air y est humide et frais.

C'est là un de ces coins où les domestiques déposent leurs torchons. Il y règne une odeur de poussière.

Au milieu, sur un paillasson, est assise la belle aux cheveux d'or, les pieds ramenés sous elle.

A sa droite eft un pot de cirage, avec un pinceau, et une brosse noircie par l'usage, encore grasse et mouillée. A sa gauche eft une botte, luisante comme un miroir, chef-d'œuvre de l'art délicat du décrotteur. Autour d'elle sont semés des éclats de boue, une fine poussière grise, et, plus loin, gît le couteau qui a servi à décrotter les semelles.

Elle a entre les mains la seconde botte. Un de ses bras disparaît tout entier dans le fourreau de cuir; sa petite main tient une énorme brosse aux crins longs et soyeux, et frotte avec acharnement et désespoir le talon qui s'obftine, paraît-il, à ne pas reluire.

Elle a emmaillotté dans ses dentelles ses jambes nues, qu'elle tient écartées. Des gouttes de sueur roulent sur ses joues et ses épaules, et, par inftants, elle s'arrête une seconde pour rejeter avec impatience des boucles de cheveux qui tombent sur ses yeux. Sa poitrine et ses bras d'albâtre sont couverts de mouches, les unes minces comme des piqûres d'aiguille, les autres larges comme des lentilles : le cirage, chassé par les crins de la brosse, a conftellé cette blancheur éclatante d'étoiles noires. Elle pince les lèvres, les yeux humides et souriants; elle se courbe amoureusement sur la botte, paraissant plutôt la caresser que la frotter; elle eſt toute à sa besogne, et s'oublie dans une jouissance infinie, secouée par ses mouvements rapides et toutefois attentive jusqu'à l'extase.

Le vitrail verse sur la belle enfant sa lumière froide et aiguë. Un large rayon blanc tombe droit, enflamme la chevelure, donne des tons rosés à la peau, bleuit tendrement les dentelles, montre cette merveille de grâce et de délicatesse étalée en pleine fange.

Elle eſt là, gourmande et heureuse. Elle eſt fille de son père, fille de sa mère. Chaque matin, au réveil, elle songe à sa jeunesse, cette belle jeunesse passée dans l'escalier noirâtre et gluant, au milieu des savates de tous les locataires. Elle songe; et il lui prend des envies féroces de décrotter quelque chose, ne serait-ce qu'une pauvre petite paire de bottes. Elle a la passion du cirage, comme d'autres ont la passion des fleurs; c'eſt son goût honteux, à elle; elle y trouve d'étranges délices, des voluptés cuisantes, et elle ne pourrait vivre, si elle ne se noircissait les bras, si elle n'émiettait un peu de boue chaque jour. Alors elle se lève et va, dans son luxe, dans sa beauté immaculée, gratter les semelles fangeuses du bout de ses mains blanches, et vautrer sa délicatesse de grande dame dans la sale besogne d'un palefrenier.

Le comte tousse légèrement, et lorsqu'elle a levé la tête, surprise et effarouchée, il lui prend les bottes des mains, les chausse, lui donne cinq sous, et se retire tranquillement.

VI

Le lendemain, la vierge au cirage se fâche et écrit au comte. Elle réclame un dédit de cent mille francs.

Le comte répond qu'il reconnaît en effet lui devoir quelque chose. Un nettoyage de bottes à vingt-cinq centimes par jour fait vingt-trois francs au bout de trois mois. Il lui envoie vingt-trois francs par son valet de chambre.

Et, comme la vierge au cirage se récrie,

pleure et suffoque de honte, le-valet de chambre lui dit d'un ton poli :

— Eh! mon Dieu, madame, puisque vous êtes du métier, je ne sais pourquoi vous vous plaignez. Vous êtes largement rémunérée. Mon maître cherchait sans doute en vous une femme, et non un décrotteur; il vous paye comme un décrotteur, et non comme une femme.

LES VIEILLES AUX YEUX BLEUS

I

Vous les avez certainement rencontrées, les vieilles aux yeux bleus, qui marchent à petits pas sur les trottoirs, le long des boutiques. Çà et là, parmi la foule des passants affairés, on en voit une se traîner doucement.

Elles ont des chapeaux en paille noire, très-profonds, sans rubans, attachés sous le menton à l'aide d'une ficelle. Elles sont vêtues de robes sombres, collées sur leurs membres maigres, et des châles jaunâtres ou verdâtres sont pendus à leurs épaules pointues, comme accrochés à deux clous. Les pieds engourdis glissent avec un bruit pleurard, les mains frileuses se cachent sous les coins du châle, un des bras porte un cabas efflanqué.

Elles marchent, baissant la tête, songeuses et remuant les lèvres, ainsi qu'un enfant qui prie. Au fond du chapeau noir, leurs faces pâles, flétries comme des fruits séchés, ont des blancheurs étranges; la chair s'eſt dissoute, la peau seule reſte, pareille à un parchemin humide; le sang a abandonné les lèvres, et, dans une auréole violette, nagent leurs yeux bleus, comme liquides et morts. Ces yeux ont une douceur effacée, une extase aveuglée et recueillie.

Les vieilles aux yeux bleus ont certainement rapetissé; elles sont redevenues enfants, leur corps a les maigreurs, les délicatesses de la première jeunesse. A les voir passer, lorsque le chapeau noir cache leur visage baissé vers le trottoir, on les prendrait pour des petites filles qui vont à l'école; elles ont la taille mince et souple des gamines, leurs bras frêles, leurs allures paresseuses et jeunes. Puis, lorsqu'elles dressent le front, on eſt épouvanté de voir sur le corps d'une enfant cette tête blafarde, bouleversée par toute une vie de passion ou de misère.

II

Les garçons de vingt ans suivent les jeunes mollets qu'un coup de vent montre dans leur blancheur. Moi, j'aime à suivre les vieilles aux yeux bleus qui vont tout droit devant elles, sans tourner la tête, d'un pas régulier et songeur.

Elles sont toujours seules. Elles ne marchent pas comme les belles de seize ans, par bandes, tenant la largeur de la rue, riant à pleine bouche. Elles se montrent isolées, elles restent humbles et discrètes, elles se glissent sans bruit dans la foule qui ne les voit même pas.

Je les connais toutes, celles des hauteurs du Panthéon et celles des hauteurs de Montmartre. Par les clairs soleils, par les froids secs, dès que j'en vois une, je règle mon pas sur le sien, je me plais à accompagner ce joli petit être si vieux et si délicat. Autrefois, lorsque j'étais encore naïf et que je ne savais pas à quelles créatures mystérieuses j'avais affaire, je m'étais donné la tâche de découvrir le domicile des vieilles aux yeux bleus. Elles avaient irrité ma curiosité, avec leurs regards morts et leurs senteurs de tombe; j'avais le besoin âpre de connaître leur vie, et j'étais décidé à monter chez chacune d'elles, comme on monte chez les belles filles qui veulent bien vous conter leur hiftoire.

Je les ai suivies trois ans, et je n'ai jamais pu savoir d'où elles sortaient ni où elles rentraient. Brusquement, dans une rue, j'en apercevais une. Elle semblait surgir des pavés. Je me mettais à marcher patiemment sur ses talons; elle, toujours morne et froide, elle avançait comme poussée par un mouvement d'horloge. Puis, tout à coup, lorsque je m'endormais, bercé par la vue de sa marche lente et régulière, elle disparaissait, elle m'échappait. Elle était sans doute rentrée dans les pavés.

Toutes m'ont ainsi glissé entre les mains, et je n'ai jamais pu contenter mes curiosités. Lorsque je songe à la chasse terrible et vaine que je leur ai faite, je suis prêt à croire que les vieilles aux yeux bleus sont les ombres de celles qui sont mortes d'amour et qui reviennent se promener sur les trottoirs où elles ont tant aimé. Aussi, la sagesse me venant, je me suis bien promis de ne plus chercher à connaître leurs demeures; je préfère croire qu'elles n'en ont pas et qu'elles s'éveillent de la mort chaque matin pour mourir de nouveau chaque soir.

III

Depuis dix ans, je les rencontre toujours aussi jeunes, sans qu'une nouvelle ride ait pu trouver place sur leur visage. C'eſt à croire qu'elles sont immortelles, dans leur silence, dans leur marche lente. Que de romans j'ai rêvés, par les tendres matinées de mai, lorsque je les suivais, le cœur vide et inquiet! Elles allaient au soleil, s'éveillant un peu aux tièdes caresses de l'air; elles s'arrêtaient même parfois pour respirer plus largement et regarder devant elles.

Quelles pensées de jeunesse emplissaient alors ces pauvres corps tordus et amincis par l'âge? Quels souvenirs des printemps lointains donnaient un soupir à ces lèvres fer=

mées? Il devait se passer tout un drame au fond de ces âmes jeunes encore enfermées dans ces chairs flétries et moribondes.

Et alors je me demandais quelles jeunes filles avaient jadis été les vieilles aux yeux bleus. Il devait y avoir en elles des histoires terribles et douces. D'où venaient-elles, toutes semblables, avec leurs chapeaux noirs, leurs châles jaunes ou verts? Qui les avait mises ainsi sur le pavé de Paris, isolées et toutes sœurs de visage et de vêtements? Elles arrivaient de l'inconnu, elles ne paraissaient point se connaître, et cependant, à les voir, on aurait juré qu'elles appartenaient à une même et lamentable famille.

Qui sait? peut-être étaient-elles nées vieilles et courbées. Ou bien elles avaient eu une même jeunesse, ardente et folle, qui, après avoir brûlé et durci leurs chairs, les conservait ainsi, sèches et rigides.

Je me plaisais à cette dernière pensée. Je les voyais, vêtues de mousseline blanche, avec des rubans roses, les yeux et les lèvres humides, dansant dans les Closeries du dernier siècle et envoyant des baisers à la foule.

IV

Un soir de juin, comme l'ombre chaude et transparente tombait des marronniers du Luxembourg, une vieille aux yeux bleus eſt venue s'asseoir sur le banc de pierre où je rêvais.

Comme elle s'asseyait, sa jupe brune eſt remontée, et j'ai aperçu, dans un gros soulier de cuir, le plus mignon petit pied qu'on puisse voir.

Elle baissait la tête; le chapeau noir me cachait son visage. Elle avait ramené ses pauvres mains de petite fille malade, et se serrait dans son châle, toute maigre, toute légère. On aurait dit une enfant de douze ans.

Elle eut peut-être conscience de la pitié qui navrait mon cœur, car elle leva la tête et me regarda de ses yeux vagues et noyés.

Ce regard, qui rencontra le mien pendant une seconde, me conta une longue hiſtoire d'amour et de regrets. Il y avait dans ces yeux pâles une triſtesse tendre, tous les désirs âpres de la jeunesse et toutes les lassitudes du vieil âge. Les nuits ardentes avaient rougi les paupières, et les cils manquaient, brûlés par les larmes chaudes de la passion. Elle devait aimer encore, la pauvre vieille aux yeux bleus, n'être pas lasse, regretter les années rapides. Elle tremblait au soleil, songeant aux baisers brûlants, à la volupté fiévreuse d'autrefois.

Je crus avoir pénétré jusqu'au cœur d'une de ces créatures myftérieuses. Les yeux avaient parlé, et je me dis que je savais maintenant d'où venaient les vieilles aux yeux bleus qui, dans les rues, jettent parfois encore aux jeunes hommes des regards sournois et affamés.

Elles viennent des amours de nos pères.

V

Je regardais le petit pied dans le gros soulier de cuir...

Elle avait seize ans. C'était une mignonne fille, toute blanche et rose, avec de doux cheveux cendrés qui se pliaient mollement le long de ses joues. De longs cils d'or voilaient l'immensité bleue de son regard, et elle avait au menton un petit trou qui se creusait quand elle riait. Elle riait toujours.

Ses doux cheveux cendrés lui avaient fait donner le surnom de Cendrine. D'autres la nommaient Risette, parce qu'ils n'avaient jamais vu ses lèvres sans le sourire qui creusait le petit trou de son menton.

Elle n'était pas comme les filles de notre âge qui ont trouvé le moyen de se vêtir de soie sans tirer une seule aiguillée de fil par jour. Elle cousait la journée entière et ne portait que des robes d'indienne. Mais quelle belle indienne, gaie, propre, toute chaste et candide! Un bonnet de linge au chignon, un mince foulard au cou, les bas blancs et les bras nus, elle vous accueillait en bonne fille, tendant les mains, la belle humeur dans les yeux et sur les lèvres. Toute sa petite personne exprimait une tendresse pure, une gaieté saine et forte. Il y avait dans ses éclats de rire une douceur amoureuse qui allait à l'âme.

O la bonne et tendre enfant qui était plus provocante et plus riche, dans son indienne claire, que toutes ces filles plâtrées étalant leurs volants de dentelle sur le marchepied de leur voiture !

Cendrine, il faut le dire, était un cœur capricieux. Mais ce cœur avait tant de franchise ! Il aimait beaucoup, un peu partout, jamais dans deux endroits à la fois. L'enfant était une simple d'amour, qui se laissait bêtement conduire par ses tendresses; elle allait où allaient ses baisers, sans se défendre. Elle ne se cachait point, d'ailleurs, elle aimait en plein jour, elle disait : Je t'aime, et n'hésitait pas davantage pour dire : Je ne t'aime plus. Comme son dernier baiser était toujours aussi bon que le premier, aucun de ses amants n'avait songé à se fâcher contre elle.

Risette était bien connue des feuillages de la banlieue, des bosquets des bals publics. Elle trouvait moyen de travailler toute la journée et de rire toute la nuit. Les uns assuraient qu'elle ne dormait jamais; les autres riaient doucement en entendant ces paroles.

Elle menait ainsi une vie toute libre, toute gaie. Elle vivait dans la santé du travail, dans les voluptés douces de l'amour, dans l'active sérénité des plaisirs. Elle donnait son cœur en aumône, elle ne comptait point ses rires ni ses baisers, elle croyait à l'éternité de sa jeunesse et de ses joies.

Cendrine, Risette, l'enfant aux doux cheveux cendrés, l'amante qui riait toujours pour creuser davantage la fossette de son menton, chantait à haute voix la chanson de la seizième année, toute pleine d'amour, ayant hâte d'aimer, d'aimer beaucoup, pour ne point étouffer. Elle usait ses petits pieds à courir dans les herbes, sur le plancher des bals, partout où il y avait des baisers dans l'air.

VI

La jupe brune eft retombée sur le petit pied qui dormait maintenant dans le gros soulier de cuir...

Mes regards sont lentement montés du pied au visage.

Le visage m'a paru effrayant, blafard et rouge brique, avec des cheveux gris qui se collaient aux tempes. Les yeux ternes et liquides étaient d'un bleu sale. La fossette faisait un trou noir au milieu de l'os saillant du menton.

La triſte amoureuse grelottait au soleil de juin, dans sa vieillesse et son abandon. La jeunesse n'avait pas été éternelle, et l'enfant, un matin, s'était éveillée vieille femme. Les amants avaient frémi devant ses lèvres usées, comme je frémissais moi-même à la voir me regarder d'un œil avide et éteint.

Eh bien! non, je t'aime, pauvre Risette, pauvre Cendrine! Je veux ne voir que ton petit pied, te suivre dans les rues, éternellement, sans jamais te parler, comme un amant timide. Tu seras l'amoureuse de mes jours de triſtesse, toi que j'ai rêvée sur un banc du Luxembourg, par un soleil de juin.

Et ne venez pas me démentir, ô chères vieilles aux yeux bleus, lorsque j'affirme que vous êtes les fantômes désolés des jeunes amours d'autrefois!

LES REPOUSSOIRS

A Paris, tout se vend : les vierges folles et les vierges sages, les mensonges et les vérités, les larmes et les sourires.

Vous n'ignorez pas qu'en ce pays de commerce, la beauté eft une denrée dont il eft fait un effroyable négoce. On vend et on achète les grands yeux et les petites bouches; les nez et les mentons sont cotés au plus jufte prix. Telle fossette, tel grain de beauté représentent une rente fixe. Et, comme il y a toujours contrefaçon, on imite parfois la marchandise du bon Dieu, et on vend beaucoup plus cher les faux sourcils faits avec des bouts d'allumettes brûlées, les faux cheveux attachés aux chignons à l'aide de longues épingles noires.

Tout ceci eft jufte et logique. Nous sommes

un peuple civilisé, et je vous demande un peu à quoi servirait la civilisation, si elle ne nous aidait pas à tromper et à être trompés, pour rendre la vie un peu moins banale.

Mais je vous avoue que j'ai été réellement surpris, lorsque j'ai appris hier qu'un industriel, le vieux Durandeau que vous connaissez comme moi, a eu l'ingénieuse et étonnante idée de faire commerce de la laideur. Que l'on vende de la beauté, je comprends cela; que l'on vende même de la fausse beauté, c'eſt tout naturel, c'eſt un signe de progrès. Mais je déclare que Durandeau a bien mérité de la France en mettant en circulation dans le commerce cette matière morte jusqu'à ce jour, qu'on appelle laideur. Entendons-nous, c'eſt de la laideur laide que je veux parler, de la laideur franche, vendue loyalement pour de la laideur.

Vous avez certainement rencontré parfois des femmes allant deux par deux sur les larges trottoirs. Elles marchent lentement, s'arrêtant aux vitrines des boutiques, ayant des rires étouffés, traînant leur robe d'une façon souple et engageante. Elles se donnent le bras comme deux bonnes amies, se tutoient le plus souvent; elles sont vêtues avec une égale élégance et paraissent avoir le même âge. Mais toujours l'une eſt d'une beauté convenable encore; elle a le visage insignifiant, on ne se retournerait pas pour la mieux voir, mais s'il arrive par hasard qu'on l'aperçoive, on la regarde sans déplaisir. Toujours l'autre eſt d'une atroce laideur, d'une laideur qui irrite, qui fixe le regard, qui force les passants à établir des comparaisons entre elle et sa compagne.

Avouez que vous avez été pris au piége et que parfois vous vous êtes mis à suivre les deux femmes. Le monſtre, seul sur le trottoir, vous eût épouvanté; la jeune femme au visage muet vous eût laissé parfaitement indifférent. Mais elles étaient ensemble, et la laideur de l'une a grandi la beauté de l'autre.

Eh bien! je vous le dis tout bas, le monſtre, la femme atrocement laide, appartient à l'Agence Durandeau. Elle fait partie du personnel des *Repoussoirs*. Le grand Durandeau l'avait louée au visage insignifiant, à raison de vingt francs la course.

II

Voici l'hiſtoire.

Durandeau eſt un induſtriel original et inventif, riche à millions, qui fait aujourd'hui de l'art en matière commerciale. Il gémissait depuis de longues années, en songeant qu'on n'avait encore pu tirer un sou du négoce des filles laides. Quant à spéculer sur les jolies filles, c'eſt là une spéculation délicate, et Durandeau, qui a des scrupules d'homme riche, n'y a jamais songé, je vous assure.

Un jour, soudainement, il fut frappé par le rayon d'en haut. Son esprit enfanta l'idée nouvelle tout d'un coup, comme il arrive aux grands inventeurs. Il se promenait à pas lents sur le boulevard, lorsqu'il vit trotter devant lui deux jeunes filles, l'une belle, l'autre laide. Et voilà qu'à les regarder, il comprit que la laide était un ajuſtement dont se parait la belle. De même que les rubans, la poudre de riz, les nattes fausses se vendent, il était juſte et logique, se dit-il, que la belle achetât la laide comme un ornement qui lui seyait.

Durandeau rentra chez lui pour réfléchir à l'aise. L'opération commerciale qu'il méditait demandait à être conduite avec la plus grande délicatesse. Il ne voulait pas se lancer à l'aventure dans une entreprise, sublime si elle réussissait, ridicule si elle échouait. Il passa la nuit à faire des calculs, à lire les philosophes qui ont le mieux parlé de la sottise des hommes et de la vanité des femmes. Le lendemain, à l'aube, il était décidé : l'arithmétique lui avait donné raison, les philosophes lui avaient dit un tel mal de l'humanité qu'il comptait déjà sur une nombreuse clientèle.

III

Je voudrais avoir plus de place, et j'écrirais ici l'épopée de la création de l'agence Durandeau. Ce serait là une épopée burlesque et triste, pleine de larmes, de grimaces et d'éclats de rire.

Durandeau eut plus de peine qu'il ne pensait pour se former un fonds de marchandises. Voulant agir directement, il se contenta d'abord de coller le long des tuyaux de descente, contre les pans de mur, dans les endroits écartés, de petits carrés de papier sur lesquels ces mots se trouvaient écrits à la main : *On demande des jeunes filles laides pour faire un ouvrage facile.*

Il attendit huit jours, et pas une fille laide ne se présenta. Il en vint cinq ou six jolies qui demandèrent de l'ouvrage en sanglotant; elles étaient entre la misère et le vice, et elles songeaient encore à se sauver par le travail. Durandeau se trouva fort embarrassé; il leur dit et leur répéta qu'elles étaient jolies et qu'elles ne pouvaient lui convenir. Les jeunes filles soutinrent qu'elles étaient laides, que c'était pure galanterie et méchanceté de sa part s'il les déclarait belles. Il est à croire que les chères enfants, ne pouvant vendre la laideur qu'elles n'avaient pas, ont vendu aujourd'hui la beauté qu'elles avaient.

Durandeau, devant ce résultat, comprit qu'il n'y a que les belles filles qui ont le courage d'avouer une laideur imaginaire. Quant aux laides, jamais elles ne viendront d'elles-mêmes convenir de la grandeur de leur bouche, ni de la petitesse de leurs yeux. Affichez sur tous les murs de Paris que vous donnerez dix francs à chaque laideron qui se présentera, et je vous assure que vous ne vous appauvrirez guère.

Durandeau renonça aux affiches. Il engagea une demi-douzaine de courtiers et les lâcha dans la ville en quête de monftres. Ce fut un recrutement général de la laideur de Paris. Les courtiers, hommes de tact et de goût, eurent une rude besogne; ils procédaient suivant les caractères et les positions, brusquement lorsque le sujet avait de pressants besoins d'argent, avec plus de délicatesse quand ils avaient affaire à quelque fille ne mourant point encore de faim. Il eft dur, croyez-le, pour des gens polis, d'aller dire à une femme : « Madame, vous êtes laide; je vous achète votre laideur à tant la journée. »

Il y eut dans cette chasse donnée aux pauvres filles qui pleurent devant les miroirs, des épisodes mémorables. Parfois, les courtiers s'acharnaient, ils avaient vu passer dans une rue une femme d'une laideur idéale, et ils tenaient à la présenter à Durandeau, pour mériter les remerciements du maître. Il y en eut qui eurent recours aux moyens extrêmes.

Chaque matin, Durandeau recevait et inspectait la marchandise raccolée la veille. Largement installé dans un fauteuil, en robe de chambre jaune et en calotte de satin noir, il faisait défiler devant lui les nouvelles recrues, accompagnées chacune de leur courtier. Alors, il se renversait en arrière, clignait les yeux, faisait de petites mines d'amateur contrarié ou satisfait; il prenait lentement une prise et se recueillait; puis, pour mieux voir, il faisait tourner la marchandise, l'examinant sur toutes les faces; parfois même il se levait, touchait les cheveux, examinait la face, comme un tailleur palpe une étoffe, ou encore comme un épicier s'assure de la qualité de la chandelle ou du poivre. Lorsque la laideur était bien accusée, lorsque le visage était commun, bête, Durandeau se frottait les mains; il félicitait le courtier, il aurait même embrassé le monstre. Mais il se défiait des laideurs originales; quand les yeux brillaient et que les lèvres avaient des sourires étranges, il fronçait le sourcil et se disait tout bas qu'une pareille laide, si elle n'était faite pour l'amour, était faite souvent pour la passion. Il témoignait quelque froideur au courtier, et disait à la femme de repasser dans plusieurs années, lorsqu'elle serait vieille.

Il n'eſt pas aussi aisé qu'on peut le croire de se connaître en laideur, de composer une collection de femmes vraiment laides, ne pouvant nuire aux belles filles. Durandeau fit preuve de génie dans les choix auxquels il s'arrêta ; il montra quelle connaissance profonde il avait du cœur et des passions. La grande queſtion pour lui fut la physionomie, et il ne retint que les faces décourageantes, celles qui glacent par leur nullité et leur immobilité idiote.

Le jour où l'agence fut définitivement montée, où il put offrir aux jolies filles sur le retour des laides assorties à leur couleur et à leur genre de beauté, il lança le prospectus suivant :

IV

AGENCE DES REPOUSSOIRS
L. DURANDEAU
18, rue M*** à Paris.

Paris, le 1ᵉʳ mai 18..

*Les Bureaux sont ouverts
de 10 à 4 heures.*

« Madame,

« J'ai l'honneur de vous faire savoir que je viens de fonder une maison appelée à rendre les plus grands services à l'entretien de la beauté des dames. Je suis inventeur d'un article de toilette qui doit rehausser d'un nouvel éclat les grâces accordées par la nature.

« Jusqu'à ce jour, les ajustements n'ont pu être dissimulés. On voit la dentelle et les bijoux, on sait même qu'il y a de faux cheveux dans le chignon et que la pourpre des lèvres et le rose tendre des joues sont d'habiles peintures cachant les pâleurs de la chair.

« Moi, j'ai voulu réaliser ce problème, impossible au premier abord, de parer les dames, de leur donner plus de beauté, tout en laissant ignorer aux passants d'où vient cette grâce nouvelle. Sans ajouter un seul ruban, sans toucher au visage, j'ai désiré orner les jolies femmes et trouver pour elles un moyen d'attirer les regards et de ne pas faire ainsi de courses inutiles.

« Je crois pouvoir me flatter d'avoir résolu entièrement le problème difficile que je m'étais posé.

« Aujourd'hui, toute dame qui voudra bien m'honorer de sa confiance obtiendra, dans les prix doux, l'admiration de la foule.

« Mon article de toilette eſt d'une simplicité extrême et d'un effet certain. Je n'ai besoin que de le décrire, madame, pour que vous en compreniez tout de suite le mécanisme.

« N'avez vous jamais vu une mendiante auprès d'une belle dame en soie et en dentelle, qui lui donnait l'aumône de sa main gantée? Avez-vous remarqué combien la robe bleue ou verte luisait, se détachant sur les haillons, combien toute cette richesse s'étalait et gagnait d'élégance auprès de toute cette misère?

« Madame, j'ai à offrir aux beaux visages la plus riche collection de visages laids qu'on puisse voir. Les vêtements troués font valoir les habits neufs; mes faces laides font valoir les jeunes et jolies faces.

« Plus de fausses dents, de faux cheveux, de fausses gorges! plus de maquillage, de toilettes dispendieuses, de dépenses énormes en poudre de riz et en dentelle! De simples *Repoussoirs* que l'on prend au bras et que l'on promène sur les trottoirs pour rehausser sa beauté et se faire regarder tendrement par les jolis messieurs!

« Veuillez, madame, m'honorer de votre clientèle. Vous trouverez chez moi les produits les plus laids et les plus variés. Vous pourrez choisir, assortir votre beauté au genre de laideur qui lui convient : j'ose dire sans vanité que j'ai dans mes magasins les laiderons les plus atroces de tout Paris.

« Tarif : La course, 5 francs l'heure; la journée entière, 50 francs.

« Veuillez agréer, madame, l'assurance de mes sentiments diſtingués.

« Durandeau. »

« *N. B.* L'agence tient également les mères et les pères, les oncles et les tantes. — Prix modérés. »

V

Le succès fut grand. Dès le lendemain l'agence fonctionnait, le bureau était encombré de clientes qui choisissaient chacune son repoussoir et l'emportaient avec une joie féroce. Vous ne savez pas tout ce qu'il y a de volupté pour une jolie femme à s'appuyer sur le bras d'une femme laide. On allait grandir sa beauté et jouir de la laideur d'une compagne. Durandeau est un grand philosophe.

Il ne faut pas croire pourtant que l'organisation du service fut facile. Mille obstacles imprévus se présentèrent. Si l'on avait eu de la peine à monter le personnel, on eut plus de peine encore à satisfaire les clientes.

Une dame se présentait et demandait un repoussoir. On lui étalait la marchandise, lui disant de choisir, se contentant de lui donner quelques conseils. Voilà la dame allant d'un repoussoir à l'autre, dédaigneuse, trouvant les pauvres filles ou trop ou pas assez laides, prétendant qu'aucune des laideurs ne s'assortissait avec sa beauté. Les commis avaient beau lui faire valoir le nez de travers de celle-ci, l'énorme bouche de celle-là, le front écrasé et l'air bête de cette autre ; ils en étaient pour leur éloquence.

D'autres fois la dame était horriblement laide elle-même, et Durandeau, s'il était là, avait de folles envies de se l'attacher à prix d'or. Elle venait rehausser sa beauté, disait-elle ; elle désirait un repoussoir jeune et pas trop laid, n'ayant besoin que d'un léger ornement. Les commis désespérés la plantaient devant un grand miroir, et faisaient défiler à son côté tout le personnel. Elle emportait encore le prix de laideur, et se retirait, indignée qu'on eût osé lui offrir de pareils objets.

Peu à peu la clientèle se régularisa et chaque repoussoir eut ses clientes attitrées. Durandeau put se reposer dans la jouissance intime d'avoir fait faire un nouveau pas à l'humanité.

Je ne sais si vous vous rendez bien compte

de l'état de repoussoir. S'il a ses joies qui rient en plein soleil, il a aussi ses larmes cachées.

Le repoussoir eſt laid, il eſt esclave, il souffre d'être payé parce qu'il eſt esclave et qu'il eſt laid. D'ailleurs, il eſt bien mis, il a bijoux et robes à volants; il donne le bras aux célébrités de la rue, vit dans les voitures, mange chez les cabaretiers en renom, passe ses soirées au théâtre. Il tutoie les belles filles, et les naïfs le croient de ce beau monde des courses et des premières représentations.

Tout le jour, il eſt en gaieté. La nuit, il pleure. Il a quitté cette toilette qui appartient à l'agence, il eſt seul dans sa mansarde, en face d'un morceau de glace qui lui dit la vérité. Sa laideur eſt là, toute nue, et il sent bien, le pauvre repoussoir, qu'il ne sera jamais aimé. Il vit dans le monde des amours, il sert à faire naître les tendresses, et jamais il ne connaîtra le goût des baisers.

VI

Je n'ai voulu aujourd'hui que raconter la création de l'agence et transmettre le nom de Durandeau à la poſtérité. De tels hommes ont leur place marquée dans l'hiſtoire.

Un jour peut-être j'écrirai les *Confidences d'un Repoussoir*. J'ai connu une de ces malheureuses filles, qui m'a navré en me disant quelles avaient été jour par jour ses souffrances. Elle a eu pour clientes des filles que tout Paris connaît et qui ont montré bien de la dureté à son égard. Par pitié, mesdames, ne déchirez pas les dentelles qui vous parent, soyez douces pour les laides sans lesquelles vous ne seriez point jolies.

Mon repoussoir était une âme de feu qui, je le soupçonne, avait beaucoup lu Walter Scott. Je ne sais rien de plus triſte qu'un bossu amoureux ou qu'une laide broyant le bleu de l'idéal. La malheureuse aimait tous les garçons dont son lamentable visage attirait les regards et les faisait se fixer sur celui de ses clientes. Supposez le miroir amoureux des alouettes qu'il appelle sous le plomb du chasseur.

Elle a vécu bien des drames. Elle avait des jalousies terribles contre ces femmes qui la payaient comme on paye un pot de pommade ou une paire de bottines. Elle était une chose louée à tant l'heure, et il se trouvait que cette chose avait des sens et une âme. Vous figurez-vous ses amertumes et ses désespoirs, tandis qu'elle souriait, tutoyant celle qui lui volait sa pauvre petite part d'amour? Elle se sentait écrasée par ces belles filles qui prenaient un méchant plaisir à la traiter en amie devant la foule, et en servante dans l'intimité. Elle avait cet effroyable malheur d'appartenir à ces folles qui l'auraient brisée par caprice, comme elles brisent les magots de leurs étagères.

Mais qu'importe au progrès une pauvre âme qui souffre! L'humanité marche en avant. Durandeau sera béni des âges futurs parce qu'il a mis en circulation une marchandise morte jusqu'ici, et qu'il a inventé un article de toilette qui facilitera l'amour dans le monde entier!

L'AMOUR SOUS LES TOITS

Les gens chagrins, ceux qui vieillissent et que fâche notre jeunesse, déclarent que les roses de leur temps sont fanées et que nous n'en avons plus que les épines. Ils vont disant à la jeune génération, avec une joie mauvaise : « La grisette se meurt, la grisette eſt morte ! »

Et moi je vous affirme qu'ils mentent, que l'amour et le travail ne sauraient mourir, que les gais oiseaux des mansardes n'ont pu s'envoler.

Je connais un de ces oiseaux.

Marthe a vingt ans. Un jour, elle s'eſt trouvée seule dans la vie. Elle était enfant de la grande ville qui offre à ses filles un dé à coudre ou des bijoux. Elle a choisi le dé, et s'eſt faite grisette.

Le métier eft simple, allez. Il demande seulement un cœur et une aiguille. Il s'agit de beaucoup aimer et de travailler beaucoup. Ici, le travail sauve l'amour, les doigts assurent l'indépendance du cœur.

Marthe, au matin de la vie, a pris son front entre ses petites mains, et s'eft plongée bravement dans les plus graves réflexions.

— Je suis jeune, je suis jolie, songeait l'enfant, et il ne tient qu'à moi de porter des robes de soie, des dentelles, des bagues et des colliers. Je vivrais grassement, nourrie de mets délicats, ne sortant qu'en voiture, oisive et assise toute la sainte journée dans un excellent fauteuil. Mais, un jour, après avoir versé toutes mes larmes et surmonté tous mes dégoûts, je m'éveillerais dans la boue et j'entendrais les plaintes de mon cœur qui me réclamerait les affections que je lui aurais refusées. Je préfère lui obéir dès aujourd'hui; je veux en faire mon seul guide et mon seul conseiller. Pour pouvoir l'écouter en paix, je porterai des jupes d'indienne, je le consulterai à voix basse, pendant mes longues heures de couture. Je veux être libre d'aimer celui que mon cœur aimera.

Et la belle enfant se conftitua ainsi citoyenne de la république des bonnes filles travailleuses et aimantes.

Depuis ce jour, Marthe habite sous les toits une mansarde pleine de soleil. Vous le connaissez, ce nid que les poëtes ont décrit. Le seul luxe du ménage eft une propreté exquise et une gaieté inépuisable. Tout y eft blanc et lumineux. Les vieux meubles eux-mêmes y chantent la chanson de la vingtième année.

Le lit eft petit, tout blanc, comme celui d'une pensionnaire; seulement, à l'extrémité de la flèche qui supporte le rideau, se balance un Amour en plâtre doré, les ailes et les bras ouverts. A la tête de la couche, sourit doucement un bufte de Béranger, le poëte des greniers; contre les murs, sont collées des lithographies, des perroquets jaunes et bleus, des gravures tirées du Voyage de Dumont-d'Urville; puis, sur une étagère, s'étale tout un monde de porcelaines et de verreries.

Ensuite il y a une commode, un buffet, une

table et quatre chaises. La mansarde eft trop meublée.

Le nid eft morne lorsque l'oiseau n'y eft pas. Dès que Marthe entre, le grenier entier se met à sourire. Elle eft l'âme de cet univers, et, selon qu'elle rit ou qu'elle pleure, le soleil entre ou n'entre pas.

Elle eft assise devant une petite table. Elle coud en chantant, et les moineaux du toit répondent à ses refrains. Elle a hâte de finir son ouvrage; elle se sait attendue, car elle doit le lendemain gagner les hauteurs ombreuses de Verrières.

Son cœur a parlé, s'il faut tout dire, et elle a parfaitement entendu ce que son cœur lui a dit. Voici deux mois qu'elle lui a obéi. Elle n'eft plus seule au monde, elle a rencontré un bon garçon, et, comme elle eft une bonne fille, elle s'eft laissé aimer, et elle a aimé elle-même.

Voyez-la dans la rue, son ouvrage à la main. Elle saute légèrement les ruisseaux, retroussant ses jupes et découvrant des chevilles fines et délicates. Elle a la démarche tout à la fois hardie et effarouchée, l'effronterie et la naïveté des moineaux du Luxembourg. Elle eſt l'oiseau alerte et gaillard du pavé de Paris; c'eſt là son terroir, sa patrie. On ne rencontre nulle autre part ce sourire fin et attendri, cette allure décidée et souple, cette élégance simple et pénétrante. L'enfant, toute grise et toute riante, a le plumage modeſte et la gaieté éclatante de l'alouette.

Le lendemain, quelle joie dans les bois de Verrières ! Il y a là des fraises et des fleurs, de larges tapis d'herbe et des ombrages épais. Marthe chante plus haut et prend de la gaieté pour toute une semaine. Elle s'enivre d'air et de liberté, regardant amoureusement le bleu clair des cieux et le vert sombre des feuillages. Puis, le soir, elle s'en revient avec lenteur, une branche de lilas à la main, ayant plus d'amour et plus de courage dans l'âme.

C'eſt ainsi qu'elle s'eſt arrangée une vie de travail et de tendresse. Elle a su gagner son pain et garder les trésors de son cœur pour les donner à qui bon lui semble, et non les vendre aux folles enchères.

Qui oserait gronder cette enfant? Elle donne

plus qu'elle ne reçoit. Sa vie a toute la pureté de l'affection vraie, toute la moralité du travail incessant.

Chantez, belle alouette de nos vingt ans, chantez pour nous comme vous avez chanté pour nos pères, comme vous chanterez pour nos fils. Vous êtes éternelle, car vous êtes la jeunesse et l'insouciance, la poésie et l'amour.

FIN

TABLE DES MATIÈRES

Le vœu d'une morte. 1
Esquisses parisiennes 269
    La vierge au cirage. 269
    Les vieilles aux yeux bleus. 283
    Les repoussoirs. 295
    L'amour sous les toits. 312

EN VENTE A LA MÊME LIBRAIRIE

NOUVELLE COLLECTION A 1 FR.

Chaque volume est envoyé franco contre 1 fr. 20 c. en timbres-poste

Les Francs Routiers, par ANTONY RÉAL.
Les Tablettes d'un Forçat, par ANTONY RÉAL.
Les Petites Chattes de ces Messieurs, par HENRY DE KOCK.
L'Amour bossu, par HENRY DE KOCK.
La Nouvelle Manon, par HENRY DE KOCK.
Guide de l'Amoureux à Paris, par HENRY DE KOCK.
La Voleuse d'amour, par HENRY DE KOCK.
Les Accapareuses, par HENRY DE KOCK.
Jeanne de Valbelle, par CASIMIR BLANC.
Les Ornières de la Vie, par JULES CLARETIE.
Séduction, par RAOUL OLLIVIER.
Un Mariage entre mille, par VICTOR POUPIN.
Le Colonel Jean, par H. DE LACRETELLE.
Nicette, par ADRIEN PAUL.
Thérésa, par ADRIEN PAUL.
Jacques Galéron, par ANDRÉ LÉO.
Dictionnaire universel d'Éducation, par C. DE BUSSY.
Comment on tue les Femmes, par GOURDON DE GENOUILLAC.
Les Finesses de d'Argenson, par ADRIEN PAUL.
Nos Gens de lettres, par ALCIDE DUSOLIER.
Les Cachots du Pape, par CH. PAYA.
La Guerre de Pologne, par EUG. D'ARNOULT.
Les Brigands de Rome, par EUG. D'ARNOULT.
Un Japonais en France, par RICHARD CORTAMBERT.
Ingenio, par LOUIS CHALIÈRE.
Histoire d'un Trésor, par ERNEST BILLAUDEL.
La Mare aux oies, par ERNEST BILLAUDEL.
Souvenirs d'un Zouave (Campagne d'Italie), par LOUIS NOIR.
Bill-Biddon, le Trappeur du Kansas, par C. DE CENDREY.
Nathan-Todd, le prisonnier des Sioux, par LE MÊME AUTEUR.
Fables nouvelles, par ED. GRANGER.
La Télégraphie électrique, par PH. DAURIAC.
Rien ne va plus, par LÉON DE MARANCOURT.
Le Neveu de Rameau, par DIDEROT.
Le Roman d'un zouave, par GRAUX.
Histoire des persécutions religieuses en Espagne, par DE LA RIGAUDIÈRE.
Lettres gauloises, par ULYSSE PIC.
Soirées d'Aix-les-Bains, par Mme RATAZZI.
La France travestie, ou LA GÉOGRAPHIE APPRISE EN RIANT.

www.ingramcontent.com/pod-product-compliance
Lightning Source LLC
Chambersburg PA
CBHW060401170426
43199CB00013B/1957